ネットで見かけた
ゆかいな日本語

三條雅人

JN109356

三笠書房

日本語で笑ったり驚いたり、冷や汗をかいたり

「なんとか**勘一発**、間に合って……」
「十分配慮しているので、**ご心配には至りません**」
「**じぁ**、またね！」
「**インフレンザ**が流行ってきました」
「**99割**終了しているも同然です」……

　大まじめな文章にも、ネット上の気軽なおしゃべりにも潜んでいるうろ覚えや言い間違い。
　特に昨今はＳＮＳの普及もあって、これまで紙の本や新聞などではあまり見かけなかった変換ミスや、冗談としか思えない言い間違いが続々と登場してきています。

　そのあまりの面白さ、興味深さから、私はそれらを見つけては書き留めておくようになりました。そんなストックが積もり積もって、一冊の形になったのが本書です。

　読み進める中で、笑ったり驚いたり、ときには

「エッ、この言葉のいったいどこが間違っているの?」
「間違いとは知らずに、普段から使っていた……」

　と冷や汗をかいたり——。世代や学歴に関係なく、(私も含め)誰にでも間違って覚えている言葉の一つや二つはあるものです。

　言葉は時代と共に変わります。
　今現在、間違いとされている表現の中に、実は新しい"言葉の芽"が育っているかもしれません。
　そして、それらの言葉は、何年後かに当たり前のように使われるようになり、国語辞典に載ることだってあるかもしれませんよ。

　そんな可能性も秘めた、"ゆかいな日本語"の世界をお楽しみください。

三條雅人

もくじ

―| **1**章 |――――――――――
うっかりスルーしがちな「変換ミス」

─ 2章 ─
間違いすぎて「もはや意味不明」

┃3章┃
どっちが正解だっけ!?の「うろ覚え」

4章

「空耳」にはこう聞こえた

┤ 5章 ├
こんな表現、「あってもいいかも」

― | **6**章 | ―
言葉の「組み合わせ」を間違えた!

| 7章 |
「1文字違い」なのに、意味は大違い

|8章| 思わず「想像したくなる」、面白さ

本文イラスト：大嶋奈都子

ゆかいな日本語を紹介。

著名人を排出

もしかして、"コレ"が言

もしかして：著名人を輩出？

「著名人」のところには「芸能人」や「有名人」、その他もろもろの「〜人」が当てはまります。

Q 検索例（検索件数：多）

「使われ方」と「頻出度」も調査!
頻出度は
「少、中、**多、激多**」の4段階。

人、文化人を排出しています
出し続けることが使命であると考え
排出している学校
ーツの多くで著名人を排出している
・数多くのスター、監督等の映画人を排出
・起業家100人を排出するプロジェクト
・ハイブリッドなジャパニーズ（日本人）を排出し続けられるような支援がしたい

　もちろんお分かりと思いますが、検索例の「排出」はすべて「輩出」の誤りです。
　おそらく、ほとんどが単純な変換ミスだと思われます。しかし、ありがちとは言え、けっこう深刻な部類の間違

いたかった……!?

などから「排出」させられてしま
った人達が本当にお気の毒です。

辞書では……

【輩出】すぐれた人物が続いて世に出ること。また、
人材を多く送り出すこと。「逸材が―した時代」「各界
に人材を―している名門校」

【排出】(1)内部にある不要の物を外へ押し出すこと。
「戸外へガスを―する」(2)生物体が物質代謝の結
果生じた不要または有害な物質を体外に排除すること。
排泄。「老廃物を―する」

辞書での意味も掲載。
(断りがない限りは「goo辞書」を参照)

27

1章

うっかり
スルーしがちな
「変換ミス」

間逆

もしかして：真逆？

🔍 検索例（検索件数：少）

・気候は日本と間逆で現在は冬です
・たった1文字の順序が替わるだけで、意味が間逆に
　なるなんて

「真逆」という言葉自体が未だ必ずしも市民権を得ているとは言い難い現状において、そんな事情とは無関係に増殖中の「真逆」の変換ミス表記。

「きっちり正反対‼」という意味を付与するためにわざわざ「逆」の上に「真」の字を付けたはずなのに、そんなことはどうでもいいみたいです。

正しくは……

【真逆】《「逆」を強調した俗語》まったく逆であること。正反対なこと。また、そのさま。「前作とは性格が——の人物を演じる」

影で支える

～～～～～～～～～～～～

もしかして：**陰で支える？**

🔍 検索例（検索件数：**激多**）

・オリンピック日本代表選手を<u>影で支える</u>職人さん達
・ピアニストを<u>影</u>から支える調律師

　誰でも一度はやったことがあるはずの定番の変換ミス。「表面に現われない部分。目の届かないところ」というような意味を表わす場合は、「影」ではなく「陰」を使います。

辞書では……

【影】物が光を遮って、光源と反対側にできる、その物の黒い像。影法師。投影。「夕日に二人の―が長く伸びた」

【陰】（1）その人のいないところ。目の届かないところ。「―で悪口を言う」「―で支える」（2）物事の表面に現われない部分。裏面。背後。「事件の―に女あり」「―の取引をする」

引っ込み事案

~~~~~~~~~~~~~~~~~~~~~~

もしかして：引っ込み思案？

🔍 **検索例**（検索件数：**激多**）

・うちの子は引っ込み事案で、体育は全然ダメ。勉強
　もどちらかと言うと苦手
・引っ込み事案で、なかなか言いたいことが言い出せ
　ない性格

「引っ込み事案」ってなんじゃそりゃ！　なんぼ引っ込
み思案の私でも突っ込まずにはいられません。

　この言葉をネット上で初めて見つけたとき、次のよう
な会話を連想しました。

「君、例の件はどうなったかね」「はい。あの件につき
ましては先ほどの役員会議で引っ込み事案となりまし
た」「うむ、そうか」みたいな……。わけ分かりません。

　全体としての意味とその中のパーツ（漢字）とのつな
がりをいちいち考えるのをやめると、こういう言葉がで
きやすくなるのかもしれません。

最新の注意を払う

もしかして：細心（さいしん）の注意を払う？

🔍 検索例（検索件数：**激多**）

・カードを利用するときは、<u>最新の注意を払う</u>ようにしてください

・商品の管理や販売には<u>最新の注意を払う</u>必要がある

　ネットで調べたところ、一つの文章に「最新」と「細心」の両方が混在しているケースも多いので、多くは単純な変換ミスだと思われます。ただ中には、意識した上であえて「最新」を使っているのではないかと思える例もありました。

「〜については最新の知見を常に導入すると共に、今後も最新の注意を払う必要がある」

　つまり、新しいこと、どんどん変わっていくものに対しては、その変化・変容に応じた“最新”の注意をする必要があるという意味で使っているようなのです。

　最初はただの変換ミスから生じたとしても、そこからこのように新しい使われ方をする言葉は、これからも増えていくような気がします。

話を反らす

~~~~~~~~~~~~~~~~~~~~~~~~~~

もしかして：話を逸らす？

🔍 検索例（検索件数：**激多**）

・都合が悪くなると話を反らす！

・将来の話をすると、話を反らしたり、黙ったりします

「話を逸らす」の誤り。ただ「逸らす」は常用外漢字なので新聞等では漢字を使わず、「そらす」とひらがな表記をするのが通例のようです。

　昔、「話の腰を"揉む"」というギャグがありましたが、「話を反らす」という表現を初めて見たとき、話の腰に手を回して、思いきり反り返らせているイメージが浮かびました。

違いはここ！

【反らす】まっすぐな物、平らな物を弓なりに曲げる。「ベニヤ板を―・す」

【逸らす】向かうべき方向・目標からわきの方へ向ける。他へ転じる。「話を―・す」「視線を―・す」

〜のあとを次いで

もしかして：〜のあとを継いで？

🔍 検索例（検索件数：**激多**）

・今は親のあとを次いで十八代目を襲名している
・総督は彼のあとを次いで建設を続けた

　よくある日本語クイズみたいですが、ときどき目にするのでピックアップ。「誰それの後任で」という意味で使われる漢字は「継」ですね。「次いで」は「何々の次(and then)」の意味ですが、「後任となる、継承する(succeed)」の意味は持っていません。

正しくは……

【継ぐ】前の者のあとを受けて、その仕事・精神・地位などを引き続いて行なう。続けてする。相続する。継承する。「家業を―・ぐ」「王位を―・ぐ」「父の志を・ぐ」
【次いで】引き続いて。あるものの次に。「開会式が行なわれ、―競技に入った」

著名人を排出

もしかして：著名人を輩出？

「著名人」のところには「芸能人」や「有名人」、その他もろもろの「～人」が当てはまります。

・今でも数多くの知識人、文化人を排出しています
・立派な社会人を排出し続けることが使命であると考えています
・たくさんの演劇人を排出している学校
・政治、文化、スポーツの多くで著名人を排出している
・数多くのスター、監督等の映画人を排出
・起業家100人を排出するプロジェクト
・ハイブリッドなジャパニーズ（日本人）を排出し続けられるような支援がしたい

もちろんお分かりと思いますが、検索例の「排出」はすべて「輩出」の誤りです。

おそらく、ほとんどが単純な変換ミスだと思われます。しかし、ありがちとは言え、けっこう深刻な部類の間違

いではないでしょうか。

　郷土や所属する団体などから「排出」させられてしまった人達が本当にお気の毒です。

【輩出】すぐれた人物が続いて世に出ること。また、人材を多く送り出すこと。「逸材が—した時代」「各界に人材を—している名門校」
【排出】（1）内部にある不要の物を外へ押し出すこと。「戸外へガスを—する」（2）生物体が物質代謝の結果生じた不要または有害な物質を体外に排除すること。排泄。「老廃物を—する」

肝に命じて

~~~~~~~~~~~~~~~~~~~~

もしかして：肝に銘じて？

🔍 検索例（検索件数：**激多**）

・苦しさを乗り越えて今があることを、社員一同肝に命
　じてゆきたい
・母と同じことはするまいと肝に命じて、子育てに臨ん
　できたつもりです

　肝に命じる（命令する）のではなく、銘じる（刻み込
む）です。

　自分自身を戒めるように使われている分にはまだよい
のですが、例えば「あくまで自己責任であるということ
を肝に命じておいてください」などのようにして、自分
以外の誰かの行動や考え方に対して注意を喚起したり、
たしなめたりする文章の締めとして使うのはちょっとカ
ッコ悪いです。

　あと、「命じる」だとまだそれなりに意味が通るよう
な気もしますが、「肝に免じて」までいっちゃうと、も
うなんだか分かりません。

至上最高

~~~~~~~~~~~~~~~~~~~~~~~~~~~

もしかして：史上最高？

🔍 **検索例**（検索件数：**多**）

- 昨年は観測<u>至上最高</u>の暖冬となった
- 犯罪<u>至上最</u>も凶悪な事件

昔のウーロン茶のＣＭで「自分史上最高カレシ」というコピーがありましたが、自分の歴史の中で最高の彼氏という意味で、漢字は「史上」が当てはまります。でも、同様の使い方で「至上」という漢字が使われているケースが数多く見られます。

「至上」は最上最高という意味なので、何かが最高であるという事実を伝えようとする文章でなんとなく使ってしまいますが、上記のように使うと「歴史上」という意味がなくなってしまいます。

表現方法として例えば「今世紀至上最高の芸術作品」というようにしてあえて重複表現をする場合もありえますが、この場合は初めから歴史上という意味での使用ではないので例外になります。

普及の名作

もしかして：不朽（ふきゅう）の名作？

🔍 検索例（検索件数：多）

- アカデミー賞の作品賞にもノミネートされた普及の名作
- 戦国時代劇普及の名作がついにリリース!

「誰でも知ってる」という意味なら間違いではないのかもしれませんが、おそらくネット上に見られる「普及の名作」の多くは、「不朽の名作」のつもりと思われます。

違いはここ！

【不朽】朽（く）ちないこと。いつまでも価値を失わずに残ること。「時代を超えた―の名作」

あと、「不休の名作」なんていうのもけっこうありました。こちらは「休む間もなく読み継がれていくべき名作」とでも解釈すれば、それなりに通用しそうです……。しないか。

高感度アップ

・相手とすばやく信頼関係をつくるための<u>高感度アップ</u>の方法
・<u>高感度アップ</u>の基本はプロフィールの丁寧な作成

「好感度アップ」（「好感」の度合いがアップすること）の変換ミス表記。

「高感度アップ」だと、「すでに高くなっている感度を更に高めてどうするの」と思ってしまいます。やっぱりちょっとおかしいです。

「高感度」という言葉自体は誤りではありません。その分違和感が少ないのですが、「高感度フィルム」などのようにして使います。

正しくは……

【好感度】よい、好ましいと感じる度合い。「コマーシャルの―調査」「企業の―が高まる」

社交事例

~~~~~~~~~~~~~~~~~~~~~~~~~~~~~~~~~~~~~

もしかして：社交辞令(じれい)？

Q 検索例（検索件数：多）

- 「また食事に行こう」と言われましたが、本心か<u>社交事例</u>か分かりません
- 単なる<u>社交事例</u>にせよ、お礼のメールはすぐに送りましょう

　ネットで調べたところ、ものすごい数の人が普通に使っていましたが、辞書を引いても「社交事例」という言葉はありません。

　「社交辞令」は、例えば仕事上の付き合いとかで使われる、口先だけの儀礼的なお世辞を指します。「辞令」は言葉に対して、「事例」は具体的な実例に対して使われるため、やっぱり「社交事例」だと意味が通りません。

効果適面

～～～～～～～～～～～～～～

もしかして：効果てきめん？

🔍 検索例（検索件数：**多**）

・花粉症に効果適面
・サプリメントを飲むよりも効果適面

　すぐに効果が現われることを「効果てきめん」と言いますが、「てきめん」がこういう難しい字だとは正直知りませんでした。

「効果覿面」

「適面」と書きたくなる気持ちもよく分かります。仮に私がこの漢字を理解して使っていたとしても、「キーボード入力だから打てたんだろう」と思われるのがオチなので、黙ってこれからも「効果てきめん」を使いたいと思います。
「覿面」をキーボード入力を使わず紙に書けますか？

綺麗言

~~~~~~~~~~~~~~~~~~~~~~~~~~~~~~~~
もしかして：綺麗事？
~~~~~~~~~~~~~~~~~~~~~~~~~~~~~~~~

🔍 検索例1（検索件数：多）

・結局は綺麗言並べて、自分がよければいい人の集まりだ

・綺麗言を言っちゃいけないなら、屁理屈言って困らせてやる

「きれいごと」は「綺麗言」ではなく「綺麗事」と書きます。

　ネット上でこの表記が多いのは、おそらく「独り言」「寝言」などのように「ごと（こと）」を"言葉"だと捉えて、同じ感覚で使っているからではないでしょうか。

「相談事」「心配事」などと同様、「綺麗事」はあくまで「綺麗な"事柄"」であり、そう意識すれば「綺麗言」にはならないと思います。

辞書では……

　【綺麗事】実情にそぐわない、体裁ばかりを整えた事柄。「もはや―では済まされない」「―を並べる」

あと、実際に検索結果を見ていて分かったことですが、両方に異なる意味付けをして意識的に使い分けている例も見られました。

🔍 **検索例2**

・言葉が綺麗だから余計に美しく感じる。綺麗事じゃなくて綺麗言

・綺麗言を口にします。綺麗事を夢に見ます。平和でありたいと願います

　それぞれこだわりをもって使っているようであり、必ずしもその意図を正しく汲み取ってはもらえないかもしれないということを承知の上で使うのであれば、構わないと思います。

　言葉は時代と共に変わるものであり、その言葉に違和感を持つ人が少なくなれば、自然に多くの人に使われるようになります。今後、この「綺麗言」も「綺麗事」と併記される形で辞書に載るようになるかもしれません。

この後に及んで

もしかして：この期に及んで？

🔍 **検索例**（検索件数：**多**）

・この後に及んで口答えとか、すごくいい度胸と思います
・この後に及んで「妨害行為をした覚えがない」とは

「この期に及んで帰りたいとは何事だ！」などのように使いますが、この「期」を「後」にしてしまうと、いったいいつ帰りたいのだか、よく分からない文章になります。気を付けましょう。

「この場に及んで」も思った以上にたくさんあり、こちらの方がイメージが伝わりやすいのかも。

違いはここ！

【この期】この大事なとき。いよいよという場合。「—に及んでじたばたしない」

手に終えない

もしかして：手に負えない？

Q 検索例1（検索件数：中）

・地方の治安は悪く無法地帯と化し、警察でさえ<u>手に終えない</u>状態になっていた

・自分達がバカだということに気付いていないから<u>手に終えない</u>

「手に負えない」の変換ミス。この場合の「負う」は、「(自分のものとして) 引き受ける」という意味です。「手に負えない」で「自分の力ではどうにもならない」という意味になります。

　単純な変換ミスを除き、「手に終えない」と書いた人の中には、「自分がやっても、いつまでたっても終わりそうにない」という意味で使っている人もいるような気がするのですが、どうでしょう。実際書いている人に聞いてみたいです。

　そして「手に終えない」と同様に「始末に終えない」という誤表記もとても多いです。

・無視して放置が一番なのだろうが、あっちからいつま
　でも絡んでくるから<u>始末に終えない</u>

・まったく関係ない他人にまで迷惑をかけ出すと、<u>始</u>
　<u>末に終えない</u>よね

　こちらの方も、もしかしたら「やるべきことを終えら
れない」「ミッションをクリアできません！」というよ
うなニュアンスを含んでいたりするのでしょうか。

正しくは……

　【手に負えない】自分の力では扱い切れない。 手に
余る。「―・ないいたずらっ子」

　【始末に負えない】どうしようもない。 処理できない。
手に負えない。「―・ないいたずらっ子」

攻めぎ合う

もしかして：鬩ぎ合う？

Q 検索例（検索件数：中）

・この世は、白と黒の攻めぎ合うオセロゲームのような
　世界です

　ネット上で「両陣営が真っ向から攻めぎ合う」という
ような文章を見つけて、なんか変だぞと思って確認しま
した。「せめぎあう」という字は確かとても難しい字だ
ったはず……。

「鬩」こんな漢字。

　見たことはあっても自分で書いたことは一度もないか
も。
「鬩ぐ」の意味が「互いに争う」ことなので、「攻め合
う」→「攻めぎ合う」と自然に連想して違和感なく使っ
てしまったのでしょうか。

口込み情報

もしかして：口コミ情報？

Q **検索例**（検索件数：中）

・温泉に関する口込み情報交換の場に活用ください

・現地での口込み情報に頼るしかないでしょう

　これ、自分としては正直あまり違和感がないんです。あまりにもあちこちで見慣れてしまっているせいでしょうか。

　もちろん自分でこう書くことはありませんが、初めからこういう日本語があるような気さえしてしまうのが不思議です。

「口伝えによるコミュニケーション」の略だから「口コミ」。ここに漢字の「込み」が使われていたら、やっぱりおかしいですよね。書き言葉としては「口コミ」、あるいは「クチコミ」になるでしょうか。

辞書では……

【口コミ】うわさ・評判などを口伝えに広めること。「—で売れる」

過分にして知らない

もしかして：寡聞(かぶん)にして知らない？

Q **検索例**（検索件数：中）

・私は過分にしてそのような礼儀は聞いたことがない
・そういう法律は過分にして知りません

「過分」と「寡聞」のどちらも、おもに"謙遜の意"で用いる言葉ですが、その意味と使い方はずいぶん違います。「寡聞」の「寡」という字は「少ない」ことを意味しています。一方で、「過分」の「過」は「度が過ぎる、過剰」の意味ですから、漢字だけ見ると、まるで反対の意味になってしまいます。

違いはここ！

【寡聞】見聞が狭く浅いこと。謙遜して言うときの語。「—にして存じません」

【過分】分に過ぎた扱いを受けること。身に余るさま。おもに謙遜の意で用いる。「—なおほめにあずかる」

勘一発

〜〜〜〜〜〜〜〜〜〜〜〜〜〜〜
もしかして：間一髪（かん・ぱつ）？

Q 検索例1 （検索件数：少）

・トラックにひかれるところを、勘一発で救出!

・なんとか勘一発、間に合って

　勝手に意味を考えてみました。

【勘一発】勘だけを頼りに危機的な状況を切り抜けること？

　ではなくて、単に「間一髪」の誤変換だと思われますが、ちょっと面白かったのでピックアップ。

　検索結果は、上記のように「間一髪」の誤変換として使われているものと、文字通りの「勘を頼りにした一発勝負」「勘だけでズバリ当てる」というような意味で使われているものとに分かれました。

Q 検索例2

・勘一発の勝負

・女の勘一発ですね

・<u>勘一発</u>で正解を当てなくてはならない

　この、誤変換ではない「勘一発」の使い方は、見た目も自然だし意味の通りもいいので、今後も当たり前のように使われていく言葉のような気がします。

正しくは……

【間一髪】《髪の毛ひと筋のすきまの意》事態がきわめて差し迫っていること。その寸前のところ。「—で助かった」

2章

間違いすぎて
「もはや意味不明」

ヘキヘキする　壁壁する

もしかして：辟易する？

🔍 検索例1（検索件数：**激多**）

- マスコミのこうした常套句にはヘキヘキする
- 自分の言語能力の低さにヘキヘキします

「辟易する」の独自表現。カタカナで表記されていますが、日本語であるという意識があるかどうかも不明。

耳から入ってきた言葉について「どう書くんだろう」という思考過程がすっぱり抜け落ち、なんの疑問も持たずに表記してしまうこの不思議。

ひらがなの「へきへきする」もたくさんあります。

🔍 検索例2（検索件数：**激多**）

- 駅のへきへきする過剰アナウンス
- そのマナーの悪さにはへきへきする

また、漢字で表記されている例もありました。

・特に看護師の横柄さには<u>壁壁</u>することがあります

・家族割で無料だからと言って長時間の電話に<u>壁々</u>する

「辟易する→へきへきする→壁壁する」の変化と思われます。

「辟」は避ける、「易」は変える。

「辟易」で、避けて路を変えるという意です。伝えたいことと、そのために使う漢字とのあいだの意味のズレに気付かないのが不思議です。

辞書では……

【辟易】ひどく迷惑して、うんざりすること。嫌気がさすこと。閉口すること。「彼のわがままには―する」「毎日同じ料理ばかりで―する」

99 割

もしかして：**99パーセント？**

Q 検索例（検索件数：**激多**）

・野菜はほぼ99割モヤシでしたが、これがけっこうこ
　だわっているモヤシらしく……

・東京大学の現役合格者の99割が使っている、受験
　の必勝アイテム

　どうやらわざとやっている人も多いようなのですが、
かつてのネット掲示板等で多く見られるようになり、そ
の後それ以外の場所でも少しずつ見られるようになって
きた表記です。

　言うまでもなく1割は全体の10パーセントですから、
99割だと990パーセントになり、軽く100パーセントを超
えちゃっています。

　限られた場での一種の言葉遊びとして使われているう
ちはいいのですが、これらをたまたま目にして99割と99
パーセントを同義と捉え、そのまま覚えてしまう人が出
てきてしまうのではないかちょっと心配です。

不買い運動

もしかして：不買運動？

Q 検索例（検索件数：中）

・やってみようよ、不買い運動
・元々買う気はないが、不買い運動ってどういうことだ

「不買運動」と書いて「ふばいうんどう」と読みますが、「ふがいうんどう」と読み覚えてしまうと、あとから書く際に「不買い運動」になることがあるようです。

　私のPC環境では「ふがいうんどう」とタイピングしても「府がい運動」「フガイ運動」のような変換候補しか出ないのですが、もしかして"なぜか変換されない"と思いながら「不＋買い」などのように分割した形で入力したのでしょうか。

違いはここ！

【不買】物を買わないこと。
【不買運動】抗議などを示すために、特定の品物を買わないようにする運動。

中途半場

もしかして：**中途半端？**

・就職活動は<u>中途半場</u>にやると、結果も<u>中途半場</u>になります

・みなさん、<u>中途半場</u>は失敗の元ですよ

「半端（HANPA）」と「半場（HANBA）」の違いなのでタイプミスとは考えにくく、また変換ミスでもないので実際こう覚えている人が多いと思われます。それにしても多すぎます。

もしかしたら「半場」に「場の半ばまでは来た」という意味を当てはめて、意図的に使っている人もいるのかもしれません。耳から聞いて覚えてしまったにしても、その際「半端」という言葉が頭に浮かばなかったのかなと、ちょっと不思議に思えるのです。

また、「中等半端」という表記も見られました。ここまで来ると、漢字はもう聞こえた「音」をそのまま表わすための記号でしかないのだなと、逆に妙に感心してしまいます。

50

強いたげる

～～～～～～～～～～～～～～～
もしかして：**虐げる？**

Q 検索例1（検索件数：激多）

・相手を<u>強いたげる</u>ことでしか愛を見出せない男

・そんな家にいて、家族に<u>強いたげられた</u>毎日を過ごしていて大丈夫ですか？

「強いる」→無理に〜させる→相手を苦しめる→「虐げる」というイメージのつながりがこの誤記を気付きにくくさせている要因だったりするのでしょうか。

　いずれにしても「しいたげる」とタイピングして、「強いたげる」が変換候補には出ないと思うんですけど、どうなんでしょう。

Q 検索例2

・奥さんに無理を<u>強いたげる</u>と、愛想尽かされますよ

・我慢の限界を<u>強いたげられた</u>ことは幾度となくあります

　検索例を一つひとつ見ていくと、実際には「無理強い

する」「強いる」の意味で使っている人がとても多いことに気が付きました。

　これもまた不思議な間違い方です。変換ミスとも違うし、「しいる」よりも先に「しいたげる」という言葉が頭に浮かび、そのまま書いてしまったと考えるのが自然でしょうか。

正しくは……

【虐げる】むごい扱いをして苦しめる。虐待する。いじめる。「異教徒を―・げる」

【強いる】相手の意向を無視して、無理にやらせる。強制する。「酒を―・いる」「予想外の苦戦を―・いられる」

最低必要限

もしかして：**必要最低限？**

🔍 検索例（検索件数：**多**）

・<u>最低必要限</u>のスペックというのは、あくまで「動作は
　しますよ」程度の話
・<u>最低必要限</u>の費用として認めましょう

　さらっと見落としそうになる「必要最低限」の間違い
表現。

辞書では……

　【最低限】一番低い方の限界。最低の限度。副詞的
　にも用いる。「―の値上げにとどめる」「―必要なも
　の」

　「必要最低限」は「必要」＋「最低限」。「最低必要限」
だと「最低」＋「必要限」ということになりますが、
「必要限」という言葉は辞書にはありません。

高級的

~~~~~~~~~~~~~~~~~~~~~~~~~~~~

もしかして：**?**

ネット上で「高級的」という言い回しを目にする機会がしばしばあり、これってアリなのかどうか気になっています。

Ｑ 検索例（検索件数：**多**）

- 高級的なイメージ
- 高級的で女性らしいスタイル
- 高級的な料理

上記はすべて「的」は必要ないと思うのですが、どうでしょう。

そこで、「的」を挿入しなければならない理由を考えてみたのですが、「的」＝「ぽい」なのじゃないかと……。すなわち、

- 高級っぽいイメージ
- 高級っぽくて女性らしいスタイル
- 高級っぽい料理

本当にそれが高級なのかどうかの判断はせずに、とりあえず「それっぽいよね」と言ってみる。すなわち近頃流行りの「ぼかし言葉（ぼかし表現）」と同じような使い方なのではないでしょうか。

「恒久的」という、音の同じ言葉が存在していることも、この言い回しを安易にさせてしまう原因の一つなのかもしれません。

「的」自体に「〜のよう、〜風」という意味があるので、「高級的」が誤った言葉遣いであるとは必ずしも言えないのですが、最近まで私自身めったに目にすることがなかった表現であるだけにとても気になりました。

　それに、「〜風」であるということは、実質的に「本当は高級じゃない」と言っているのと同じことになってしまい、もしそれを高級なものであると言いたいのであれば、意味そのものが逆になってしまうことになります（例：「父親的存在」など）。

　ちなみに中国語の「高級的」には、「高級、上等な」という意味の他に、「高度な」という意味もあります。

「じぁまたね」

🔍 検索例（検索件数：**激多**）

・みんなも頑張って！　じぁまたね～

・それじぁ、ラクにしてください

・じぁ、たまには食事をしてから帰りましょう

　初めて見たときは気付かずスルーしそうになりましたが、あれっと思って視線を戻し、読み方が分からず固まってしまいました。

　普通に書いたら「じゃあまたね」となるところの「ゃ」が抜けて、代わりに「あ」が小さくなっています。

　単なる間違いでしょうか。それとも「じぁ」は「じゃあ」の短縮形として、例えば"かわいい"などの理由で意図的に使われていたりするのでしょうか。

　いずれにしても、読み方は「じゃ」なのか、「じゃあ」なのか……。それとも"zia"みたいに発音するのか……。いろいろと謎です。

惜しくも惨敗

もしかして：？

～～～～～～～～～～～～～～～～

　もうなんの番組だったか忘れてしまいましたが、出演者の一人が、日本人選手のオリンピックでの試合結果に触れ、「惜しくも惨敗（ざんぱい）しました」と言っていたんです。

　惜しい惨敗って、いったいどんな負け方なのかなあと思いました。

　惜しくも負けたのであれば最少得点差か、それに近い差で負けたのだろうし、惨敗ならばさんざんに負けることを意味し、けっこうな大差がついていたはずです。

　どうにも気になったので検索してみました。

🔍 検索例1（検索件数：**激多**）

・実力の違いを見せつけられ、<u>惜しくも惨敗</u>

・うちの母校が高校野球に出ていたけど、2－0で<u>惜しくも惨敗</u>

　なんだかよく分からないです……。

　例えば実際には大量得点差で負けたゲームであっても、気持ちの上では決して負けていなかった、なんていう精

神面を含めて「惜しくも」という言葉を冠した。また、実力は拮抗（きっこう）していたのだが、一瞬の判断ミスやエラーによって結果的に大差で負けてしまったような場合、惜しい負け方をしたのだというニュアンスがあるのでしょうか。

　いずれにしても、本当に惜しい負け方をしたのなら「惜敗（せきはい）」という言葉があるのだから、それを使えばよいと思うのでした。

「残敗」と書いている人もたくさんいました。

　この場合の残敗は、残念な負け方をしたという意味が込められているようにも見え、誤字ではありますが、一種の造語であると言えなくもありません。

🔍 **検索例2**（検索件数：**多**）

・無党派で立候補しましたが、残敗しました

・目標の4時間を切ることができず残敗でしたが、天気もよく、紅葉も楽しめたし、よしとします

ご無沙汰振りです

もしかして：？

🔍 検索例（検索件数：中）

・ご無沙汰振りです。更新頻度が激減していて恐縮です

・非常にご無沙汰振りです

「ご無沙汰しております」と「お久し振りです」とが合わさってできたと思われる、新しい挨拶表現。

特に取り沙汰されることもなく巷に静かに浸透中。「無沙汰」は「挨拶や連絡がないこと」を意味していますから、「振り」がついても、実際は意味が通りません。

気持ちが伝われば同じと考える人もいるかもしれませんが、仲間同士で使うのとは異なり、目上の人への挨拶の言葉ですから、失礼のない正しい言葉遣いが大切です。

違いはここ！

【振り】時間を表わす語に付いて、再び同じ状態が現われるまでに、それだけの時間が経過した意を表わす。「十年—に日本の土を踏む」「しばらく—に映画を見た」

努力のたわもの

もしかして：努力のた**ま**もの？

Q 検索例（検索件数：中）

・まさに企業努力のたわものです!!!
・天才とは才能ではなく、<u>努力のたわもの</u>なのだとしみ
　じみ感じる

　テレビである俳優さんが「努力の賜物（たまもの）」を「努力のた
わもの」と言い間違えて、突っ込まれていたのを見て、
検索チェックしてみました。

　聞き間違えてそのまま覚えてしまったパターンですね。
他にも「教育のたわもの」「偶然のたわもの」「練習のた
わもの」「研究のたわもの」などいろいろとありました。

正しくは……

【賜物】あることの結果として現われたよいもの、また
は事柄。成果。「努力の—」

60

端を欲する

もしかして：端を発する？

Q 検索例（検索件数：少）

・バブル経済崩壊に端を欲する金融危機
・この損失補塡事件に端を欲して創設された

「発端」という言葉があり、この読みから「たんをほっする」と読み覚えてしまい、あとからタイピングしようとしたときに「たんをほっする」→「端を欲する」となってしまったのではないでしょうか。
「単を発する」という間違いも多いです。

辞書では……

【端を発する】それがきっかけになって物事が始まる。
「領土問題に─・した紛争」

奏を功した

もしかして：功を奏した？

Q 検索例（検索件数：少）

・価格改正や拡販に取り組んだことが奏を功した

・団体宿泊客への助成などが奏を功した格好となっている

おそらく「奏功」という言葉の方を知っていて、そこからこの表現になってしまったのだと思われます。

違いはここ！

【奏功】目標通りの成果があがること。功を奏すること。「調停工作が—・する」

【功を奏する】《功績を天子に奏上する意から》効果を現わす。成功する。奏功する。「説得が—・した」

ちなみに私のパソコンでは、「層をこうした」と変換されました。

DAY用品

もしかして：DIY用品？
アイ

　家庭の設備機器などの小修理や改造などを自分自身で行なうことをDIY（DO IT YOURSELF）と言ったりしますが、これがDAYと書かれているのを見ることがあります。

　うっかりミスが多いのだと思いますが、DIYをDAYと書いた人は、おそらく頭の中で「でぃーえーわい」と唱えながら書いたのではないでしょうか。
とな

Q 検索例（検索件数：少）

・ペンキなどのDAY用品をしまう棚とテーブル下に置くミシンとアイロン台を作りました
たな

・自宅デッキをDAYで作りました!!

「あっー!!」「えっー!!」

　2005年あたりからテレビで目にするようになっていたこの表記（ネットでは更にその数年前から）。

　流れの中でスルーしがちですが、声に出して読もうとすると途端に困ってしまいます。

　現在このような表記は徐々に特別な表現ではなくなり、ごく当たり前のように自分のブログやＳＮＳなどで使う人が増えています。この人達は、自分の書いたこの言葉をどう声に出して読んでいるのでしょうか。

　実際もう間違いというより、一つの表現方法として意図的に使われていると見ていいかもしれません。

「っ」を前に持ってくることで驚きをより強調し、あとに続く「ー」で余韻を残す。

　テレビの字幕で使う場合、視聴者は瞬間的に頭の中で読むだけなので違和感は残らないし、日本語として正しいかどうかは別にして、今後もこのような表記は使われ続けていきそうです。

当然すみません

もしかして：**突然すみません?**

Q 検索例1（検索件数：多）

・もしよかったら、座席はどの辺りか教えていただけますか？　当然すみません

・当然すみません!　仙台のどちらにオープンしたのですか？　ぜひ、食べにいきたいです

　突然すぎて一瞬、なんのことか分かりませんでした。「突然」が「当然」になっていて気付かないのが不思議です。

　バリエーションは「失礼します」など。

Q 検索例2

・お話中、当然失礼します!

・初めまして、当然失礼いたします。　〜の知人です

・当然おそれいります。初めまして。茨城県に住む〜と申します

・当然申し訳ございません。ご興味ありましたら連絡ください

・<u>当然のメール</u>をお許しください

　もしかしたら、「言うまでもなく申し訳ないです」の
つもりの人もいるのかも。
　上記検索結果の中には、「当然、"すみません"のひと
言があると思いましたが、店員さんからその言葉はあり
ませんでした」などのような、正しい使われ方も多くあ
ります。

「堪忍しろ!!」

～～～～～～～～～～～～～～～～～～～

もしかして：「観念しろ!!」？

🔍 検索例（検索件数：**多**）

・抵抗するな。おとなしく<u>堪忍しろ</u>

・小僧、いい加減<u>堪忍しろ</u>。お前じゃ相手にならない
　から

・「おら、<u>堪忍しろ</u>、強盗犯!」

　あきらめさせたいのか許してほしいのか、よく分から
ない「観念しろ!!」のうっかり表現。うっかりですよ
ね？
　「もう勘弁して」「いい加減許してよ」という意味で
「堪忍しろ」を使っている例もありますが、多くは「観
念して」のつもりの誤りのようです。
　まあ普通は許してほしければ「堪忍しろ」ではなく
「堪忍して」だと思うのですが、どうでしょう。

3章

どっちが
正解だっけ!?の
「うろ覚え」

いさぎがいい

~~~~~~~~~~~~~~~~~~~~~~~~

もしかして：いさぎよい？

　何気なく見ていたあるテレビ番組で言葉のクイズゲームのようなものをやっていたのですが、その中で出演者の一人が「潔い」を「いさぎがいい！」と言っていたんです。

　「いさぎがいい（いさぎいい）」は言葉の覚え間違いとしては定番の部類であり、ネット上ではもちろん、日本語の間違いを指摘している書籍等でもよく見かけます。

　とりあえず「いさぎ悪い」を使っている人には「いさぎ」って何？　と聞いてみたいです。

悠著に

もしかして：悠長に？

🔍 検索例（検索件数：**激多**）

・悠著に失業保険を待ってはいられません

・何を悠著に昼の２時に起きているのか

　誤用例だけ見てもなんのことか分からないと思いますが、これは「悠長に」のうろ覚え表現です。

　単純なタイプミスなのか、それとも「ゆうちょ」という読みの言葉として覚えてしまっているのかは判断がつきませんが、「悠」「箸」の漢字二文字に違和感を持たない、あるいはスルーしてしまう感覚が不思議です。

正しくは……

　【悠長】動作や態度などが落ち着いていて気の長いこと。また、そのさま。「―に構える」「―な話」

そんな流暢なこと

もしかして：**そんな悠長(ゆうちょう)なこと？**

🔍 検索例（検索件数：**激多**）

・今はそんな流暢なことを言っている時間や余裕はありません

・もちろん、そんな流暢なことを言っている事態ではないというのは分かっている

　かなりメジャーなうろ覚え表現のようで、指摘もたくさんされています。

　"流暢(りゅうちょう)" ではなく "悠長"。

　言葉のイメージも、悠長の方はのんびりしていて、流暢の方にはスピード感があり、言葉としての方向性は逆な気がします。

辞書では……

【流暢】言葉が滑(なめ)らかに出てよどみないこと。また、そのさま。「—な英語で話す」

モロともせず

~~~~~~~~~~~~~~~~~~~~~~~~~~

もしかして：物<small>（もの）</small>ともせず？

🔍 検索例1 （検索件数：**激多**）

・最悪のコンディションを<u>モロともせず</u>に、ガチンコファイトを展開

・向かい風を<u>モロともしない</u>圧倒的飛距離！

　ぱっと見、なんのことかよく分かりませんが、これは「〜を物ともせず」のうろ覚え表記です。

　おそらく「モロ」という言葉を「大きいダメージ／障害」というニュアンスで捉え、「ダメージ／障害が大きいにもかかわらずその場を切り抜けた」というような解釈をしているのではないでしょうか。

　単なるタイプミスだとしても、「モロ」というカタカナが出ているのを気付かずそのまま使うのはすごいなと思いました。

　ちなみに「諸共せず」というのも非常に多いです。こちらはもう解釈不能。まったく意味が分かりません。

- のんびりツーリングを楽しんでいる大型バイクを<u>諸共</u>
  <u>せず</u>ぶち抜くイヤな原付
- 集中する視線を<u>諸共せず</u>、カウンターに置かれたイ
  スに腰かける

違いはここ！

【物ともせず】問題にもしない。なんとも思わない。
「周囲の反対を―ひたすら意志を通した」
【諸共】行動を共にするさま。あいともに。ともども。
「戦車―自爆する」「死なば―」

まだ
大丈夫です・・・

ご心配には至りません

～～～～～～～～～～～～～～～～

もしかして：ご心配には及びません？

Q 検索例（検索件数：少）

・さほど被害もなくご心配には至りません

・プライバシーには十分配慮していますので、ご心配
　には至りません

　～する必要がないという意味の場合、「至らない」ではなく「及ばない」を使います。

「ご心配には至りません」だと「まだご心配いただくような状態にはなっておりません」というような意味になってしまうので、やっぱり変ですよね。

正しくは……

【及ぶ】（「～には及ばない」の形で）～する必要がない。～しなくともよい。「遠慮するには―・ばない」

【至る】ある段階・状態になる。結果が～となる。「大事に―・る」「倒産するに―・る」「事ここに―・ってはやむをえない」

誇大評価

もしかして：過大評価？

🔍 検索例（検索件数：激多）

- 自己評価結果からは謙虚な面を感じ、<u>誇大評価</u>でなく信頼性がある
- 自分の土地、建物も<u>誇大評価</u>をしている傾向に見受けられます

　単なるタイプミスでも変換ミスでもなく、検索にかかった件数中のかなりの人達が、「過大評価（実際よりも高く評価すること）」のつもりで使っていると思われます。

　ただ「過大評価」と同じ意味合いで使っているのだとすれば、「誇大」は「誇大広告」などのように"大げさ"であることを表わす言葉なので、やっぱり使い方としてはちょっと変。

「過大評価」の反対の意味の言葉は「過小評価」。では「誇大評価」の反対の意味の言葉は何？　と「誇大評価」を使っている人達に聞いてみたいです。

プライバシーの損害

もしかして：**プライバシーの侵害（しん）？**

🔍 **検索例**（検索件数：**激多**）

・それって**プライバシーの損害**ですよ
・中傷及び**プライバシー損害**のため、削除お願いします

　プライバシーは損害を受ける（被（こうむ）る）ものではなく侵害されるものですね。誤りとしてはけっこう定番の部類のようで、やはり件数も多いです。

辞書では……

　【侵害】他人の権利や所有などをおかして損害を与えること。「著作権を—する」
　【損害】損ない、傷つけること。利益を失わせることや、失うこと。また、事故などで受けた不利益。損失。「取引で—を被る」

　いずれにしても「プライバシーの心外」よりはましかもしれません。

事情徴収

もしかして：事情聴取？

🔍 検索例 1（検索件数：**激多**）

・昨日、警察で事情徴収を受けた

・友人が事情徴収を受けることに

　件数が多いわりに、誤りの指摘が意外に少ない「事情聴取」のうろ覚え表記。

違いはここ！

【徴収】（1）金銭などを取りたてること。「会費を―する」（2）国または公共団体が国民から租税・手数料・現品などを強制的に取りたてること。「税金を―する」「源泉―」

【聴取】（1）事情や状況など聞き取ること。「被害者から事情を―する」（2）ラジオなどを聞くこと。

　そういうわけで、「事情」はお金ではないので"徴収"はできません。

- 直ちに事情聴衆と、身柄引き取りに出向くと申し入れました
- 警察はあいつからも事情長州しろよ

「事情聴衆」もたくさんありましたし、絶対ないと思っていた「事情長州」（ほとんどはジョークで使用）も見つかりびっくり。

事情を教えろ！

心ともない

もしかして：心もとない？

🔍 検索例1（検索件数：**激多**）

・現在の容量では少し心ともない気がしております

・ただ資金が心ともない

・あんただけじゃ心ともないから

「心もとない（心許無い）」のうろ覚え表記。これをそのまま漢字に変換すると「心伴い」になります。

「心もとない」が正解であると分かっていても、漢字変換で失敗すると「心元ない」になることもあります。

🔍 検索例2（検索件数：**多**）

・素手で戦うには心伴いので、俺は武器を使うことにした

・環状線や国道が多いので原付バイクでは心伴い

・お食事としては栄養価的に少々心元ないので、もう一品注文する必要がある

・鍵が一つだけでは心元ないですね

責任転換

～～～～～～～～～～～～～～～

もしかして：**責任転嫁（か）？**

🔍 検索例1（検索件数：激多）

・私に責任転換されても困るんですけど!

・やっぱりいるんだよね、人に責任転換するやつ

「責任転換」だと責任を何か他のものに変えてしまうという意味になりますが、実際検索された文章を見ると、ほとんどの人が「なすりつける」という意味合いで使っています。

転嫁：他人になすりつけること

転換：別のものに変えること

　他にもいろいろありました。

🔍 検索例2

・こんなことで悩んだり責任転化したりするのは時代遅れもイイトコロです

・まさに責任逃れと責任転化のためだけに書かれた文

> 章だ

「転化」はある物質が別の物質に変わるときなどに用います。

Q 検索例3

・人に<u>責任添加</u>したら気持ちは確かにラクになりますが、これってどうなのでしょうか？

・自分の弱さを人に<u>責任添加</u>するのはやめた方がいいと思いますよ

「添加」は、他のものを付け加えること。これはこれでなすりつけている感じが出ていますが、やっぱりちょっと違います。

Q 検索例4

・政治を軽んじ、<u>責任天下</u>をしているようにしか見えないんですよ

・動員力がないのは前から分かってるやん。ただの<u>責任天下</u>やな

「天下」は、責任をいったいどうしたいのか分かりません。

ご愛好いただき

~~~~~~~~~~~~~~~~~~~~~~~~~~~~

もしかして：ご愛顧いただき？

Q 検索例1（検索件数：多）

・取引先の皆様方には平素から格別の<u>ご愛好いただき</u>、
　厚くお礼申し上げます
・長いあいだ<u>ご愛好いただき</u>誠にありがとうございました

「ご愛好いただき」は「ご愛顧（を）いただき」のうろ
覚え表記ですので、お気をつけください。検索結果は企
業サイトやオンラインショップがてんこ盛り。

「ご愛顧を」と「ご愛好」とでは、アクセントの違いは
あれど読みはほぼ一緒ですから、耳から聞いてそのまま
間違って覚えた人も多いのだと思います。タイプミスも
当然あるでしょうけど、「ごあいこ『を』」を「ごあいこ
『う』」と打ち間違えるのは、言葉そのものを間違って覚
えていたと考える方が自然ではないでしょうか。

「愛顧」は「ひいき（晶屓）にすること。目をかけるこ
と」で、「愛好」は「（主に趣味として）物事を愛するこ
と」なので、重なる部分もあり、検索結果の文章の中に

も正否の判断がつけ難いものもいくつかありましたが、やはり使う場面は異なります。

🔍 **検索例2**（検索件数：中）

・○月○日で閉店いたします。<u>ご愛護いただき</u>誠にありがとうございました
・今後とも変わらぬ<u>ご愛護いただき</u>ますよう、どうぞよろしくお願い申し上げます

かわいがっていただいたことを感謝、という意味として必ずしも間違いではないのかもしれませんが、通常、業務上の挨拶言葉としては「ご愛護ください」「ご愛護いただき」というような言い方はしないと思います。

正しくは……

【愛好】その事が好きで楽しむこと。「美術を―する」「バロック音楽―家」
【愛護】かわいがって、庇護すること。「動物―週間」
【愛顧】目をかけ引き立てること。引き立てられる側から言う語。ひいき。

「かわいがる」と「ひいきにする」は、似ているけれどやっぱりちょっと違います。

脈略のない話

もしかして：脈絡のない話？

🔍 検索例（検索件数：多）

・趣味が雑多ですので、脈略のないブログになりそう
　です

・脈略のないバラバラな記事になってしまいました

　誤用例を見て、いったいどんなまとまりのない話をしようってんだい？　と思った人がいるでしょうか。

　そう思った人には、まずそれより前に「脈略」じゃなくて「脈絡」だろ！　と突っ込んでいただきたかったです。

辞書では……

【脈絡】物事の一貫したつながり。筋道。「話に―が
ない」「説明に―をつける」

　実は私自身、長いあいだ「脈略」という言葉が存在するのかしないのかが曖昧だったのですが、複数のオンライン辞書と手元にある国語辞典に載っていないのを確認して、ようやくスッキリすることができました。

遅ばせながら

～～～～～～～～～～～～～～～～～～～～

もしかして：遅れ馳せ<ruby>馳<rt>ば</rt></ruby>ながら？

🔍 検索例1（検索件数：**多**）

・<u>遅ばせながら</u>、お誕生日おめでとうございます

・<u>遅ばせながら</u>、新春のお慶び申し上げます

　件数が多かったので、もしかしたらこういう言葉があるのかとちょっと不安になる「遅れ馳せながら」のうろ覚え表記。

「れ」が抜けたことによって、「おそばせながら」「おくばせながら」の二通りの読み方ができますが、ひらがなのまま検索してみたところ、両方の読み方で使われているようです。

🔍 検索例2

・<u>おそばせながら</u>、新年のご挨拶をさせていただきます

・<u>おくばせながら</u>私も投票させていただきました

　他に「遅らばせながら」「遅ればしながら」などの表

記も多く見られますが、ほとんど語感だけで使ったとしか思えません。

🔍 検索例3

・本日<u>遅らばせながら</u>今年最初の登山に出かけました
・補正予算が通過しましたので、<u>遅ればしながら</u>新車を発注しました

　読みが同じでよく見られる誤字としては「送ればせながら」がメジャー級。

🔍 検索例4

・人気が出始めてから半年後、<u>送ればせながら</u>購入したわけです
・<u>送ればせながら</u>、最近やっとスマートフォンを買ってもらいました

違いはここ！

【遅れ馳せ／後れ馳せ】（1）他の人よりも遅れて駆けつけること。「―に来る」（2）時機に遅れること。「―ながらお礼を申し上げます」

現地点での

～～～～～～～～～～～～～～

もしかして：現時点での？

🔍 検索例（検索件数：多）

・現地点での「集大成」となるアルバム

・退職金を払わないのが、現地点での最高の罰だと思う

　時間の流れの上のある一瞬を表わす「時点」の代わりに、「地点」を使っている例をよく見かけます。多くは「現時点」を「現地点」に取り違えるというもので、これはうろ覚えというよりは勘違いの部類かもしれません。「地点」はあくまで地上の一定の場所を指す言葉なので、時間を示す言葉としては使われません。

正しくは……

【現時点】現在の時点。今現在。「―でははっきりしたことは言えない」

徹底的瞬間

もしかして：決定的瞬間？

Q 検索例（検索件数：中）

・遊んでいる最中の徹底的瞬間写真だと思いました

・フォトコンテスト入賞狙えそうな徹底的瞬間だ！

テレビの音楽番組に出演していたある女性アーティストが、ある写真を指して「決定的瞬間」と言うべきところを「徹底的瞬間」と言っていました。

彼女はすぐに司会者から「決定的な」と直され、それでも納得できなさそうに「初めて知った！ 徹底した瞬間じゃないの？」と言葉を重ねていました。

辞書では……

【徹底的】徹底するさま。どこまでも一貫して行なうさま。「―な責任追及」「―に調査する」

【決定的】物事がほとんど決まってしまって、動かし難いさま。「勝利は―だ」

【決定的瞬間】重大な物事が起こる、その瞬間。「―をカメラに収める」

一度に会する

もしかして：一堂に会する？

「本当は2回か3回に分けて集まる方がよかったけれど、今回は一度に集まりました」という意味であれば「一度に会する」という表現は、別に間違った言い方ではないかもしれません。

　ただ、非常に多くの人、さまざまな立場の人、普段なかなか一緒になる機会のない人が一つの場所に集まったというような意味のことを言うのであれば、それは「一度に会する」ではなく「一堂に会する」という表現が適切だと思います。

🔍 検索例（検索件数：中）

- フットサルの強豪が一度に会するこの大会をぜひ応援に来てください
- 豪華スターが一度に会するので毎年見てます

「一堂に会する」と「一度に会する」。両者には、集まる場所を表わすか、その回数を表わすかの違いがあります。

【一堂】同じ場所。同じ会場。「―に会する」

【一度】一回。いっぺん。ひとたび。「―おいでください」「一生に―の体験」

【一堂に会する】同じ場所に集まる。「加盟国代表が―・する」

「一度に」集まるということは、そのまま一つの場所に集まることだから同じじゃないかという考え方もできると思います。

　でもそれなら初めから「一堂に会する」と書けばいいのではないでしょうか。「一堂に会する」を聞き間違えてそのまま覚えちゃったのではないかと思われる（誤解される）リスクを負ってまで、わざわざ使う必要もないと思うのですが、どうでしょう。

　あと、「一同に会する」もよく見る誤りですが、それだと「そこにいる人全員に会う」というような意味になってしまいます。

標準を合わせる

～～～～～～～～～～～～～～
もしかして：照準を合わせる？

　何かに狙いを定めるという意味の「照準を合わせる」の「照準」が、「標準」になっているのを見ることがあります。

　これが例えば「日本人の体形に標準を合わせたサイズ構成」のような使い方なら分からなくもないですが、検索例のような使い方ではやはり意味が通らなくなってしまいます。

🔍 検索例（検索件数：**激多**）

・演説する大統領候補にライフルの<u>標準を合わせた</u>
・敵の攻撃をよけながら、弓の<u>標準を合わせ</u>、敵を倒します

正しくは……

【照準】(1)射撃で、弾丸が目標に命中するように狙いを定めること。「—を定める」「正確に—する」(2)一般に狙いを定めること。「県大会に—を合わせる」

ankate

もしかして：**アンケート?**

🔍 **検索例**（検索件数：中）

・ANKATE——あなたの好きなアーティストに清き一
票を
・「THE BEST CAR ANKATE」皆さんア
ンケートにご協力ください

「アンケート」と普通にカタカナで書けばそれでいいと
思うのですが、なぜか「英語風？表記」でこうなってい
るのを見ることがあります。

「アンケート」という言葉は元々フランス語で、綴りは
「enquete」。辞書等では5文字目のeの上に「＾」（ア
クサン・スィルコンフレックス）が乗った形で表記され
ています。

　ちなみに英語の「アンケート」にあたる言葉は、
「questionnaire」だそうです。

興味つつ 興味律律

もしかして：**興味津津?**
<small>しんしん</small>

Q 検索例1（検索件数：**多**）

・初めてのメーカーなので、<u>興味つつ</u>で箱を開けました
・娘はおもちゃ屋さんで、おままごとセットに<u>興味つつ</u>

Q 検索例2（検索件数：**少**）

・その質問にはけっこう<u>興味律律</u>で聞いています
・子ども達は臼の周りを囲み、<u>興味律律</u>な様子で見つ
　めていました
<small>うす</small>

　ネット上で初めてこれらを見たとき、一瞬キョトンで
したが、すぐに深く納得しました。
「興味津々」のうろ覚え表記。目から入って読み損なっ
てそのまま覚えてしまったようです。
「興味律律」というのを見つけてしまうと、今度は「興
味りつりつ」とそのまま書いてしまっている例もあるの
か気になるところですが、実際にありました。

- 先ほど来たとき、遠くのテーブルにあったビールに<u>興味りつりつ</u>

- あの壮大で神聖な第3楽章のあとに、いったいどんな第4楽章が続くのか、<u>興味りつりつ</u>でした

- いくらになるか、とても<u>興味りつりつ</u>です

辞書では……

【興味津津】興味があとからあとから湧いて尽きないさま。「やじ馬が─と見守る」

　検索結果の中で「興味津津」をなぜ、「きょうみしんしん」と読むのか理解できないと言っている人がいて、この点については妙に共感してしまいました。

4章

「空耳」には
こう聞こえた

間逃れない

もしかして：<ruby>免<rt>まぬか</rt></ruby>れない？

🔍 検索例（検索件数：**激多**）

・慰謝料請求は<u>間逃れない</u>
・遅かれ早かれ辞任は<u>間逃れない</u>だろう

　おそらく「逃れられない」からの連想だと思われるのですが、やはり「まのがれない」と聞き覚えてしまったことからこうなったのではないでしょうか。

　それにしても「間逃れない」の「間」をどう解釈したのか聞いてみたい。

　ちなみに「免れる」の読みは「まぬがれる」「まぬかれる」のどちらでもよいそうです。

違いはここ！

【免れる】身に受けては好ましくないことから逃れる。また、避けてそれにかかわらない。「戦火を—・れる」「責任を—・れる」

一色単

～～～～～～～～～～～～～～～

もしかして：一緒くた？

🔍 **検索例**（検索件数：**激多**）

・個人を尊重せず全員一色単の見方しかせず

・日本だと、なんでも違法薬物は一色たんに「覚せい剤」と呼ぶことが多い

　勝手に「一色単」の意味を考えてみました。

　【一色単】「さまざまな色をまぜ合わせて一色にする」「複数あるものを一つ（単数）にまとめる」というところから「雑多な物をひとまとめにする」という意味？

　ちょっと悪乗りしてみましたが、言うまでもなくこれは「一緒くた」の空耳表記であり、「一色単」という言葉はありません。

　検索件数の多さに驚きました。この中には誤りの指摘をしているページや、子どもの頃またはつい最近までこういう言葉があると思っていた、と書かれているページなども含まれています。

【一緒くた】雑多な物事が秩序なく一つになっているこ
と。ごちゃまぜ。「何もかも一に扱う」「一に煮込む」

　実際の会話の中で「一緒くたん」と聞こえたり、また
地方によってはむしろこう発音する方が自然だったりす
ることもあるでしょう。しかし、書き言葉はそれとは別
ですから、一緒くたにはできません。

気にってます

~~~~~~~~~~~~~~~~~~~~~~~~~~~~

もしかして：気に入ってます？

もしかしてこの表現、わざとなんでしょうか。

🔍 **検索例（検索件数：激多）**

・めっちゃ気にってます！

・大人っぽい上品なデザインで気にってます

・色もあまり自分が買わない青色だけど、綺麗な青で
 気にってます♪

・熱くならないし滑りがいいから私は気にってる！

・狭いアパートなんだけど、けっこう気にってる

・本人はうつ伏せの方が気にってるらしく、うつ伏せの
 まま寝てるときもあります

　当初、単純にすべて「気に入ってます」のタイプミス
かと思いましたが、それにしても検索件数が多いです。
考えうる使用パターンの内訳はおそらく以下の3つ。

① 単純なタイプミス。

②「気持ち悪い」を「キモい」と表現するのと同様の、

若者言葉としての意図的な短縮表現。

③ 小さい頃「一応」を「いちよう」と覚えてそのまま使っているのと同様の、耳から入ってそのまま覚えてしまったパターン。本当にこういう言い方だと思っている。

　一つの文章中に「気にってます」と「気に入ってます」の両方が入っているケースが多いことから、実際にはこれらの多くは単純なタイプミスである可能性が高いのでしょう。

　しかし、ネット上にこのような間違いが増えるにつれて、今後②か③のパターンで使用する人がどんどん増えていくような気がしてなりません。

　今現在、②か③の使い方をしたことがある人がどれぐらいいるのか、私は今大変気にっています（気になっています）。

今日つけて 気よつけて

もしかして：気をつけて？

🔍 検索例1（検索件数：**激多**）

- 皆さんも花粉症には<u>今日つけて</u>くださいね
- 健康には<u>今日つけて</u>ください
- 「車に<u>今日つけてね〜</u>」と送り出した
- おまえら明日は<u>今日つけろよ</u>

　今日、何をつければいいのか聞き返したくなる「気を
つけて」の空耳表記。聞き間違いにもほどがあると思い
ます。

　小学生の「きょうつけて」はまだかわいいかもしれま
せんが、大人が自分のブログで「今日つけて」と書いて
いるのはあまりかわいくないかもしれません。

　この言葉は検出が大変難しく、いくつかの表記に分け
て検索しました。

　普通に「何かを身に付ける」の意味も当然多かったで
す。

・分かればいいのよ。次回から気よつけてくれれば
・熱中症とかに本当に気よつけてね!!

　その間違いを指摘すると「小さい頃からずっとこう覚えてたし、今まで誰からも間違いだなんて言われたこともない。それに『気よつけて』の方がゼッタイ言いやすいし、言葉って時代と共に変わるものですよね」「いちいち、こういうこと指摘されるとけっこうムカつくんですけど」と言われそうな「気をつけて」の空耳表記。
　ちなみにローマ字式のタイピングでは「を」は「WO」。「よ」は「YO」。
「W」は左手。「Y」は右手で打ちますから、指が滑って打ち間違えたとは考えにくいです。

手持ちぶたさ

～～～～～～～～～～～～～～～～～～～
もしかして：**手持ちぶさた？**

🔍 検索例（検索件数：**激多**）

- お散歩途中で何も持っていなかったけど、全然<u>手持ちぶたさ</u>ではなかった
- 新聞休刊日は<u>手持ちぶたさ</u>で朝のリズムが違ってしまいます

　ぶたさって……。言うまでもなく、これは「手持ちぶさた（無沙汰）」の空耳表記ですが、非常に数が多く、またなんの疑問や違和感も持たず使っている人がとても多いです。もしかしたら何十年後かの国語辞典に「手持ちぶたさ：手持無沙汰からの変化」などのようにして載ることも、ありえない話ではないような気がします。

辞書では……

【手持ち無沙汰】することがなくて間がもたないこと。また、そのさま。「仕事がないので―だ」

旧態然とした

~~~~~~~~~~~~~~~~~~~~~~~~~~~~~~~~~~~~

もしかして：旧態依然とした？

Q 検索例（検索件数：激多）

・地域社会で幅を利かせていたさまざまな業界の<u>旧態</u><u>然</u>とした慣習

・従来の<u>旧態然</u>とした日本の保険会社とは異なる保険

耳で聞いたとき、「きゅうたい」の"い"と「いぜん」の"い"が一文字に聞こえてそのまま覚えてしまったと思われます。ただ、「〜然とした」で「いかにも〜のようである」という意味になるので、そういう意識で使っている人も実際少なくないように思えます（例：「学生然としている」「紳士然とした人」など）。

いずれにしても「旧態全とした」「旧態前とした」「旧態善とした」とかになると意味不明だし、「球体善とした」まで来るともう本当に何がなんだか分かりません。

違いはここ！

【旧態依然】元のままで変化や進歩のないさま。「—とした生活ぶり」

106

面度くさい

～～～～～～～～～～～～～～～～

もしかして：**面倒くさい？**

🔍 検索例（検索件数：**激多**）

・自動でやってもらわないと<u>面度くさい</u>じゃないですか
・髪は切るのが<u>面度くさい</u>
・<u>面度臭い</u>から休んじゃった

「めんどくさい」は「めんどうくさい（面倒臭い）」の
簡略表記なので、漢字で書くときもそのまま「面倒臭
い」です。

正しくは……

【めんどくさい】「めんどうくさい」に同じ。「―・い作
業」

他に「温和で面度見がいい人」「孫の面度を見る」「そ
んな面度い仕事はパスだな」「いちいち報告しに行くの
が面度かった」などの表記がありました。

インフレンザ

～～～～～～～～～～～～～

もしかして：**インフルエンザ?**

　インフルエンザを「インフレンザ」と発音してしまう、
あるいはそう聞こえるというのは分かる気がします。
　ただ、タイピングしても気付かない人が多いのにはち
ょっと驚きました。
　同じ人の文章中に複数回出てくることも多く、実際に
こう覚えてしまっている人も少なくないようです。

心身代謝

　ある日のAMラジオの生番組で、女性パーソナリティーが「新陳代謝がよくなる」と言うべきところを「シンシン代謝がよくなる」と言っていました。

　おそらく彼女の頭の中では「心身代謝」という漢字になっていたのではないかと思い、検索してみました。

Ｑ 検索例（検索件数：多）

・肌の心身代謝を活発にします
・心身代謝を活発にしたい方におすすめ!

　「新陳代謝」が「新しいもの（新）と古いもの（陳）が次々と入れ替わる」という意味なので、「心身代謝」だと、心と身体が入れ替わるという意味になってしまいます。

　検索結果には健康関連のグッズや、食品のオンラインショップがたくさん出てきました。こんな些細な間違いであっても購入先を選ぶ際のマイナスポイントになるんじゃないかと感じてしまう私は、気にしすぎでしょうか。

もったえない

もしかして：**もったいない？**

「もったいない」じゃなくて「もったえない」？

　タイプミスではなく、本当にこうだと思っている人も少なくないようです。

🔍 検索例１（検索件数：多）

- 交通費がもったえないから片道歩いた
- あれだけの逸材を埋もれさせてしまうのはもったえないなあ……
- そう言えば「もったえない」と「もったいない」ってどっちが正しいんだろ……

　検索結果の中に「くだけた感じを出すために、どうやら"もったえない"をあえて使うことがあるらしい」という記述があったのには驚きました。

　件数の多さから、近い将来、すでに公然と定着しつつある「ふいんき（雰囲気）」などと同様、その間違いを指摘しても「言葉って時代と共に変わっていくんですよ」と、すました顔で言い返されるようになるのかもし

110

れません。

　単に言いやすさから自然にこう覚えてしまった人も多いのかもしれませんが、もしかしたら「もったいない（勿体無い）」を、その意味はちゃんと把握しつつ、言葉としての成り立ちを「有りえない」のように「〜えない」だと思ってこのように覚えた人もいるのでしょうか。

　実際に漢字交じり表記も検索してみたら、たくさん出てきました。ひらがな表記よりこっちの方がずっと驚きです。

🔍 **検索例2**（検索件数：多）

・少しずつ上手になってるし、今辞めたら<u>もった得ない</u>ですよ

・容器が使い捨てなのがちょっと<u>もった得ない</u>気がします

常道手段

もしかして：常套手段？

Q 検索例1（検索件数：多）

・こういう展開で笑わせることが常道手段

・自分語りをするのはネタに困ったときの常道手段

「常道」と「常套」は言葉の響きも意味もよく似ていますが、四字熟語としてあるのは「常套手段」の方です。

　他に「上等手段」も多く見られますが、こちらは変換ミス以外に「もっと上手なやり方」というようなニュアンスで使っていると思われる例もあり、面白いです。

Q 検索例2

・混乱を避けるなら小さな会場で警備態勢をきっちりする、というのが上等手段だと思いませんか？

・下等手段の反対が常套（上等）手段だと思ってた

辞書では……

【常套手段】同じような場合にいつも決まって使う手段。常用手段。

一念発揮

もしかして：**一念発起**？

「一念発起」を「いちねんはっき」と読み覚えて、その
まま変換してしまった空耳表記。

Q 検索例（検索件数：多）

> ・これまでに、勉強の「べ」の字もしてこなかった人が、
> 一念発揮して数時間もの勉強を開始した
> ・近年は一念発揮、町内挙げての練習の結果、最下
> 位脱出に成功

　単純な覚え違い以外に、自分自身の強い思い（一念）
を最大限に発揮して願いをかなえたという解釈で、この
漢字を使っている人もいるかもしれないですね。

違いはここ！

【一念発起】あることをなしとげようと決心する。「―し
て芸道に励む」

窺わしい

～～～～～～～～～～～～～～～～

もしかして：疑わしい 如何わしい？

🔍 検索例1（検索件数：多）

- もはや日本語かどうかも窺わしいです
- 窺わしいサークルもけっこうあるみたい

「疑わしい」もしくは「いかがわしい（如何わしい）」を"空耳"して「うかがわしい」と聞き覚え、出てきた変換候補をそのまま使ったものと思われます。他に「伺わしい」も。

🔍 検索例2（検索件数：中）

- 本当に流行っていたのかどうかも伺わしい
- 盆休みにショッピングセンターで似顔絵占いなどという伺わしい占いをやっていました

えんりょうなく

Q 検索例1（検索件数：中）

・えんりょうなく立ち寄ってください
・荒らしには、えんりょうなく文句書きます
・えんりょうなく施工会社に直してもらうこと

　これについては、最初にひと言、言わせてもらっていいですか？

　では遠慮なく。なんじゃこりゃ……。

　というわけで、「遠慮」を「えんりょう」と聞き覚えて、そのまま書いてしまっている例が多くて驚きました。

　日常会話の中で「えんりょう」と聞こえたり、地方によってむしろこう発音するのが自然だったりすることはあるかもしれません。

　でも、それを書き言葉として普通の文章の中で使ってしまえば、不自然だと思われても仕方がないでしょう。

　検索結果を見てもらえば分かりますが、「えんりょう」とひらがなで書くぐらいなので、小学生をおもな対象とした掲示板での書き込みが多いようですが、文章の

内容などから義務教育をすでに終了したと思われる人の
サイト内にも少なからず見られました。

　更に「えんりょう」をそのまま漢字に変換した、とて
も奇妙な「ごえんりょう」もありました。

🔍 **検索例2**（検索件数：中）

- ・神経質な方はご入札を<u>ご縁領</u>ください
- ・バナーの改造は<u>ご縁領</u>ください
- ・<u>ご縁量</u>なくお問い合わせください

　漢字一つひとつの意味はもうどうでもいいみたいです。
　これらの変換はオークションサイトやネットショップ
上に多く見られ、他人事ながらイメージダウンにつなが
るのではないかとちょっと心配になります。

正しくは……

【遠慮】人に対して、言葉や行動を慎み控える<ruby>慎<rt>つつし</rt></ruby>こと。
「―なくいただきます」「年長者への―がある」「この部
屋ではタバコは―してください」

世界優秀の

~~~~~~~~~~~~~~~~~~~~~~~~~~~~~~~~

もしかして：世界有数の？

Q 検索例（検索件数：中）

・現役選手の中でも世界優秀のファンタジスタの一人
・百名山に載っている日本優秀の名山です

「世界的に優秀な」という意味を込めておそらく使われ
ている「世界有数の」の空耳表現。「世界」の部分には
「国内」「日本」など、地域や国の名称が入ります。
　「世界有数の」で「世界でも数が少なく、きわだってい
るさま」という意味になりますから、「優秀」であるこ
とには違いなく、いったん耳で聞いて覚えてしまうとな
かなか修正の利きかない覚え違いなのかもしれません。
　同じ「優秀」を使った覚え違いとしては「優秀の美」
というのが超メジャー級ですね。

辞書では……

　【有数】取り上げて数えるほどにおもだって有名である
　こと。また、そのさま。屈指。「日本で―な（の）植物
　園」「世界―の画家」

いちよう

🔍 検索例 1（検索件数：中）

・いちよう、お値段確認よろしいでしょうか？
・いちよう、美大に通ってます……

　最初ネット上でこの言葉を見たとき、私の頭に浮かんだのは樋口一葉の「一葉」でした。

　文脈ですぐに「一応」のつもりで書いているんだなとは分かりましたが、その後多くのサイトで同じ表現を見かけて、正直けっこうな衝撃を受けました。

　言葉を教科書の活字で覚えるよりも先に耳で聞いて、なんとなく覚えてしまってそのまま文章を書くようになった結果なのでしょうか。

　また、「一応」のつもりで「一様」と書いている人もいるし、更に「いちよお」「いちよ」なんてのも数多く見られます。

🔍 検索例 2

・一様、再度、お知らせしときます！

- 一様言っとくけどな、この本、お前の親父さんの書
  斎で見つけたんだからな

🔍 検索例3

- いちよお申し込んだけど、やっぱり今さらあれに6万
  円も払うことになったらつらい
- もちろん、いちよ彼に了承を取って、購入決定

　近頃自分のSNSを持っている小学生もたくさんいるし、
そういうサイトの中でならあるいはこんな"幼児言葉"も
ないこともないだろうとは思いました。

　でも実際に検索結果を見てみたら、普通の会社員や主
婦などのサイトがたくさん出てきてびっくり。

ホローしてくれて

もしかして：フォローしてくれて？

🔍 検索例（検索件数：**激多**）

・心優しき同僚が<u>ホロー</u>してくれて、なんとかこなせました

・うまく<u>ホロー</u>してくれてうれしい限りです

　ある英単語が日本語として定着する際、必ずしもその読み方が統一されるとは限らないということはよく分かります。

　でもいくらなんでも、これはないだろうという気がします。すでに「follow ＝ フォロー」として国語辞典にもちゃんと載っていますから。

　系統としては「いちよう←一応」と同じく、「耳から入ってこう覚えちゃいました」のパターンなのだと思われます。

5章

こんな表現、
「あっても
いいかも」

活気的

もしかして：画期的（かっき）？

　検索結果の多くは「画期的」の単なる変換ミスですが、中には下記のような意味で意識的にこの文字を当てていると見られるものもあり、驚かされます。

> **Q 検索例**（検索件数：**激多**）
>
> ・夜、昼間とわず、活気的な様子が分かる
> ・ヴァイタリティのある街、活力の街、活気的で行政が積極的
> ・心身共にゆっくり休め、翌日の活気的な一日の計画を立ててください
> ・サルサの活気的な熱いビート
> ・ステージに現われたので、会場が活気的になった
> ・社内の雰囲気も非常に活気的です

　活気的……「生き生きとして活動的である様子。活気がある」という意味なのでしょうか。

命一杯

～～～～～～～～～～

もしかして：目（め）一杯？

🔍 検索例1（検索件数：**激多**）

- それじゃ今日はめい一杯遊ぼうぜ
- めい一杯タイヤを切ったときに、「ガリガリガリ」とど
  こかに当たっている音がします

【命一杯】「目一杯」の上位表現？　限度一杯を更に超
えようとする状態？

　完全に造語ですが、元は「目一杯」を「めい一杯」と
聞き覚えたところから派生したものと思われます。
「命一杯」の方は、単なるケアレスミスに加えて、「命」
の部分に意味の重きを置いて「より必死に頑張る」とい
うニュアンスを出すため、あえて当て字として使ってい
る例もありそうです。

🔍 検索例2（検索件数：**激多**）

- ゼンマイが命一杯巻かれた状態であれば、腕から外
  しても、36時間以上動き続けます

・これでも命一杯早起きなのです

「命一杯」は、命がけで闘う決意を表わす表現として、言葉としての正誤とは別にこれからも使われていく言葉なのかもしれません。

違いはここ！

【目一杯】秤（はかり）の目盛りいっぱいであること。転じて、限度いっぱいであること。また、そのさま。副詞的にも用いる。「―まで詰め込む」「―な（の）サービス」「―頑張る」

ムカムカ

怒り浸透

～～～～～～～～～～～～～

もしかして：怒り心頭（しんとう）？

【怒り浸透】怒りがジワーッと心の中に浸透してくる様子？

「怒り浸透」の意味を考えてみました。

　慣用句「怒り心頭に発する」から派生したと見られる新語表現。多くの人が「心頭」としてではなく、意図して「浸透」を使用しています。

🔍 検索例1（検索件数：多）

・心は怒り浸透し、顔色、表情がかわる
・弟はだいぶ怒り浸透しているようであったが、かろうじて体裁を保っていた
・今回のことだけだったら、ここまで怒り浸透しなかったと思う

「しんとう」が「心頭：心。心中」であるという認識はなく、自由な発想で「浸透」を選択。
「怒り心頭に発する」という言葉の意味（激しく怒る）

を保持したまま「怒り心頭」と略す表現がすでにある程度一般化しており、その言葉を耳で聞いて独自に意味を発想し、「怒り浸透」と脳内変換した結果なのではないかと推測できます。

　そして、「怒りが浸透」「怒りを浸透」などの使い方も見られるようになり、もはや「心頭」はどこかに忘れ去られてしまったかのようです。

🔍 **検索例2**（検索件数：少）

・他人が怒っていると自分にまで<u>怒りが浸透</u>してきます
・その報道により、必ずや一般市民に<u>怒りが浸透</u>し、騒ぎたてることにもなる
・人の多さに負けて、結局は<u>怒りを浸透</u>させたままその場を去った

耳覚え

～～～～～～～～～～～～～～～

もしかして：**聞き覚え？**

🔍 検索例（検索件数：**激多**）

・原曲を知らずとも耳覚えがある人が多いことと思う

・誰もが耳覚えがあるイントロ

・耳に入ってきたフレーズが、どっかで耳覚えのあるも
　のだった

「聞いたことがある」という意味で「耳覚えがある」と
いう表現を使っているのを目にすることがあります。

　明らかに「聞き覚え」の間違いだと思うのですが、検
索してみてその多さにちょっと驚きました。

　単純なタイプミスでもないし、もしかして「耳で聞い
た覚えがある」の短縮形として自然に使っている人も多
いのでしょうか。

「身に覚え」のある人は、やっぱりこれは使わない方が
いいと思うのですがどうでしょう。

正しくは……

【聞き覚え】以前に聞いた記憶があること。「―のある声」

ぱっと目には分からない

もしかして：**ぱっと見には分からない？**

「ぱっと見」と「ぱっと目」はどちらが正しいのでしょうか。よく分からなかったので辞書で調べてみたら、載っていたのは「ぱっと見」の方。

　ほんの一瞬ちらっと見るから「ぱっと見」。言われてみればその通りなのですが、ネット上には「ぱっと目」がたくさんありました。

辞書では……

【ぱっと見】ちらっと見ること。ほんの一瞬見ること。
「―にはいい出来だが、よく見るとあらが目立つ」

興味範囲

もしかして：興味本位？

🔍 検索例1（検索件数：**激多**）

・サッカー、ゲーム、ラジオ、映画etc. 興味範囲は広いが底は浅い

・けっこう早い時点で「私の興味範囲じゃない」と気付きました

初めてこの言葉をネット上で見かけたときには、すぐ「興味本位」の間違いだろうと思ったのですが、検索結果の文章を見ると、多くの人が「興味の範囲」の意味で使っていてちょっと驚きました。

考えてみれば、それこそ"文字通り"の使い方であり、驚く方がむしろ変なのかもしれませんが、私自身これまで「興味範囲」という言い方をほとんど聞いたことがなかったので、かなり違和感がありました。

単純に「興味の範囲」の省略形として使っているのかもしれませんが、なんだか「興味範囲」という四字熟語があるかのような使われ方をしていて、それが私の違和感の原因となったのかもしれません。

そして、「興味本位」のつもりで使っていると思われる例もやはりたくさん見られました。

🔍 **検索例2**

・<u>興味範囲</u>で見に来たであろう人達を、自分達のペースに引っ張っていく技術
・<u>興味範囲</u>で登録してしまったアダルトサイト。メールで、99万円の請求が来てしまいました

　正しい使い方かどうかということとは別に、現時点で「興味の範囲」を「興味範囲」と略す言い方に、違和感を覚える人とそうでない人との比率がどのぐらいなのか気になります。あくまで興味本位でですけど……。
　将来、新しい四字熟語として定着し、辞書に載る可能性は何パーセント？

違いはここ！

【興味本位】面白いかどうかだけを判断基準にする傾向。「—に書きたてた記事」

息統合

もしかして：意気投合（いきとうごう）？

🔍 検索例（検索件数：**激多**）

・二人はすっかり息統合して、毎日インド映画を見な
　がら踊っているらしい

・カラオケ好きが集まれば、初対面でもすぐに息統合
　できます！！

　変換ミスには違いないのですが、この字を見ていたら
なんだか本当にこういう言葉があってもいいような気が
してきました。意味は「みんなで息を合わせて頑張るこ
と」。

「よし。この大仕事を俺達みんなで息統合して最後まで
やりとげよう‼」……そんな意味で使っている人が本当
にいるかどうかは分かりませんが。

　ちなみに同じ間違いとしては「意気統合」が圧倒的に
多かったです。

「投合」は互いの気持ちなどが合致すること。「統合」
は二つ以上のものをまとめて一つにすること。似ている
けれどやっぱり意味は違います。

永遠と続く

もしかして：延々と続く？

🔍 検索例（検索件数：多）

- 永遠と続く一本道を走ります
- 目の前に永遠と続く地平線
- 天安門広場前に永遠と続く自転車の流れ

　ネット上での、その数の多さに圧倒される「延々と続く」のうろ覚え表記。
「永遠と」と「延々と」の取り違えであると指摘するサイトもたくさんありました。

　別に間違いじゃないと言われれば、一つの文学的表現として通用するとは思いますが、「延々」はあくまで「長く続く」という意味であり、決して「永遠」と同義ではありません。
「永遠に続く」のか「延々と続く」のか、その表現しようとする内容に合った適切な使い分けが必要です。

お値段もお手軽です！

~~~~~~~~~~~~~~~~~~~~~~~~~~~~~~~~~~~~~

もしかして：お値段もお手頃です！？

🔍 検索例（検索件数：多）

・値段もお手軽なので購入しました

「お手軽」と「お手頃」は意味が似ていますが、"買いやすさ"を表わすときに使うのは「お手頃」の方です。

　この「値段も手軽」という表現は、検索すると非常にたくさんヒットしました。そのことから考えると、単に間違いというより「手軽」という言葉そのものに「簡単に買える」という意味まで含んで使われるようになってきているのかもしれません。

正しくは……

【手軽】手数がかからず、簡単なさま。「―な食事」「―に扱えるカメラ」

【手頃】（1）大きさ・重さなどが、手に持つのにちょうどよいさま。取り扱いに便利なさま。「―な厚さの辞書」（2）能力・経済力や望む条件などにふさわしいさま。「―な仕事」「―な値段」

先見の目がある

~~~~~~~~~~~~~~~~~~~~~~~~~~~~~~~~~

もしかして：先見の明がある？

🔍 検索例1（検索件数：多）

・先見の目があるお店だと感じます
・先見の目がある人だったと高い評価をいただけるは
　ずです

慣用句である「先見の明」から生じた誤表現ですが、もしかしたら将来的に（正しい言葉であるかどうかは別にして）その見た目の自然さから、今よりも違和感なく使われていく言葉なのかもしれないと思っています。

辞書では……

【先見の明】事が起こる前にそれを見抜く見識。先見の識。

「先見の目がある」と書いて「先を見る目がある」。つまり「見通しが利く」という意味で使っている人は実際いると思います。

　ただ、実際の使用において、言われた側が「先見の

明」という言葉を知っていた場合（普通は知っている）、間違って覚えていると思われることは必至であり、ちゃんとそのリスクは考慮するべきでしょう。

　間違いではないかと指摘され、いや自分はこういう意味で使っているのだと弁明したとしても、相手にはとてもカッコ悪いその場しのぎの言い訳にしか聞こえないかもしれません。

　検索結果中のそれぞれの「先見の目」には単なる間違いの他、意図的に「先見の明」と使い分けていると見られる例もありました。いずれにしても、自分としてはまず使うことのない表現であることに違いはないのでした。

Q 検索例2
_____

・先見の目はなくとも、先見の明があればよいのです

・この仕事を始めて、よく言われることがあります。「先見の目があるね」。"先見の明"の誤用でしょうが、"目"の方がしっくりきます

屈折○年

もしかして：苦節○年？

🔍 検索例（検索件数：中）

・これで晴れて排気量制限なしの400CCオーバーの
バイクに乗れます。16歳高校生の春から屈折36年
目にして、免許が取得できました
・去年は、屈折10年、初めて一回戦突破しました
・NO.1になるまで、屈折2年。強力なライバル達に
道を阻まれた時期は、けっこうつらかったかな

やっぱり長いあいだつらい思いを重ねると、少なから
ず人の心は歪んで（屈折して）しまうものなのかと、妙
に教訓じみたものを勝手に受け取ってしまいそうになる
「苦節○年」のうろ覚え表記。

違いはここ！

【苦節】逆境にあっても、自分の信念や態度を固く守
り通す心。「―十年」

行き当たりばっかり

もしかして：**行き当たりばったり？**

🔍 検索例1（検索件数：中）

・いつも行き当たりばっかりだからこーゆーことになる
・ホームページの知識もなく、行き当たりばっかりで作ってみました

　冗談なのか単なるタイプミスか、それともこういう言葉なんだと思って使っているのか分からない、「行き当たりばったり」に似た言葉。こういう言葉があると思って使っている人の中には、「行き当たり」＋「ばかり」という意識で使っている人が少なくないような気がします。
　とすると「行き当たりばかり」のラフな表現として「行き当たりばっか」などという言い方もできるのでしょうか。検索してみたところ、実際に使われていました。

🔍 検索例2（検索件数：少）

・僕達の旅行は行き当たりばっか！
・なんかいつも行き当たりばっかな気がしてさ

下手くて

初めて見たときはとても驚きました。

一見して「上手くて」の対義語のつもりなのだろうと分かったのですが、どうやら日本語を勉強中の外国人の方の文章が多く検索にかかっているようでした。

それなら納得。日本人も多そうですが……。

Q 検索例1（検索件数：中）

・写真撮るの下手くてごめんなさい
・楽しめれば下手くてもいいじゃん
・上手くても下手くてもミスしちゃいけないの？

Q 検索例2

・私は日本語一度勉強したことないです。下手くてごめんなさい
・日本語学科に入ってから2年目ですが日本語はまた下手くてこまっています

138

毎日すかさず

もしかして：毎日かかさず？

　解釈によっては「すかさず」でも意味は通りますが、「すかさず」はまず相手があってその動き、出方に応じて機敏（きびん）に対応するという動的なイメージ。

　そして「かかさず（欠かさず）」はあくまで自分の意思でどうするかを考えて決めるという、どちらかと言うと静的なニュアンスなんじゃないでしょうか。

正しくは……

【すかさず（透かさず）】機を逸（いっ）することなく、直ちに対応して行動するさま。間を置かずにすぐさま。「言葉尻をとらえて―言い返す」

【かかす（欠かす）】（多く打ち消しの語を伴う）そのことをしないで済ます。怠（おこた）る。「毎日の練習を―・したことがない」「会には―・さず出席する」

悪戦苦悩

～～～～～～～～～～～～～～～～

もしかして：**悪戦苦闘(とう)？**

　どうして「悪戦苦闘」が「悪戦苦悩」になってしまうのか。それはおそらく、書き手がそのとき表現したかった感情や状態のイメージが「苦闘」よりも「苦悩」の二文字の方に近かったからではないでしょうか。

　実際こんな言葉はないし、ド忘れもしくはうろ覚えなどで単純に「悪戦苦闘」という言葉が出てこなかっただけのことなのでしょうけれど、こういう"創作四字熟語"もちょっと面白いなと思いました。

🔍 検索例（検索件数：中）

- 今日は<u>悪戦苦悩</u>で作品作りをしていました
- デザイナーも<u>悪戦苦悩</u>していることも事実です

　検索結果の中には「答えるのに悪戦苦闘……いや、あえて悪戦苦悩です」なんていう表現もあり、意図的な使い分けをしているような人も、実際少しはいるのかもしれません。

除外視

もしかして：度外視？

🔍 検索例 1 （検索件数：**激多**）

・通信コストも除外視はできない
・採算除外視の投げ売りを始めた

この言葉をネット上で目にしたとき、試しに検索してみたら予想以上にたくさん出てきてちょっと驚きました。「重大視する」「問題視する」「危険視する」などは普通に見ますが、これは見たことがありませんでした。

単に「除外＋視」で「除外して考える」の意味だと考えれば特に間違いであるとも言えないのですが、「度外視」のつもりで使われていたり、あるいは「視」そのものが不要で「除外」だけで事足りるのではないかというのも見られました。

🔍 検索例 2

・儲けは除外視しています
・商売除外視で頑張っている

あと微妙なんですけど、おもに人の存在や気持ちを無視するというようなニュアンスで「除外視」を使っている例が数件見られ、これはちょっと面白い使い方だと感じました。

🔍 **検索例3**

・彼の考え方は、決して私を除外視しない
・周りの人を除外視することはできない

もしかしたらこの表現に対して違和感を覚えない人も多いのかもしれませんが、私自身この言葉を使うことはどうしても躊躇してしまいます。「度外視」の間違いと思われそうだし、「除外して考える」などの表現を使えばそれで十分だからです。

辞書では……

【度外視】問題にしないこと。無視すること。「採算を―した商法」

【除外】その範囲には入らないものとして取りのけること。除くこと。「幼児は料金の対象から―する」「―例」

怒濤を組む

もしかして：徒党を組む？

Q 検索例1（検索件数：中）

- どんなに正しいと思ったところで、正しくない意見の人が怒濤を組むとまかり通ってしまう世の中
- 他人の弱みに付け込んだり、怒濤を組んで集団で暴力に訴えたりする姿はみっともないとしか言いようがない
- 困ったことが起きれば、怒濤を組んで行政にかけ合う甘えの構図です

とても気が付きやすい誤りなので、指摘もたくさんされています。

Q 検索例2

- 怒濤を組む？　徒党を組むでいいんだよね？
- 文中にある「会派で怒濤を組んで～」の意味がよく分かりません。「徒党」を組むなら分かりますが……
- 怒濤を組むってなんか強そうだな

「怒濤を組む」という表記を見ると、徒党を組んだ人達がものすごい勢いで押しかけてくるイメージが頭に浮かんできて、なんだかこんな言葉もあっていいような気持ちになってきました。

違いはここ！

【徒党】ある目的のために仲間や一味などを組むこと。また、その仲間や団体。

【徒党を組む】あることをなすために仲間が団結する。「―・んで謀反（むほん）を起こす」

【怒濤】荒れ狂う大波。また、激しい勢いで押し寄せる様子の例え。「逆巻く―」「―のごとく進撃する」

6章

言葉の
「組み合わせ」を
間違えた!

グレートアップ　アップグレート

もしかして：グレードアップ　アップグレード？

🔍 検索例（検索件数：**激多**）

- 低層階をオフィス、商業系テナントとし、<u>グレートア</u><u>ップ</u>を図っている複合物件
- <u>アップグレート</u>したところ、インターネットに接続できなくなりました

　どちらもソフトウェア関連のページでよく目にします。「グレードアップ」はgrade＋upの和製英語で、等級・品質を上げること。格上げの意。

　「アップグレード（upgrade）」は上り坂という意味ですが、一般にパソコンのハードウェア、ソフトウェアの性能を向上させることを言います。

　どちらも「グレートにアップすることを意味する和製英語だ」と言い張れば通用しないこともないかもしれませんが、やはりちょっと無理があるんじゃないでしょうか。

一転二転

もしかして：二転三転？

【一転二転】「二転三転する」の比較表現？ 「二転三転」している状況と比較して、それほど変化の度合いが大きくないときに使われる？

🔍 検索例（検索件数：**激多**）

・先が読めない一転二転する斬新な脚本

・報道内容が一転二転しています。報道機関が把握していなかっただけでしょうか

　本当は「一転する」と「二転三転する」がごちゃまぜになってしまったうろ覚え表現なのですが、必ずしも言葉の使い方として間違っているとも言い切れないので、このまま一定の割合で使われ続けていく気がします。

▶ 正しくは……

【一転】（1）ひと回りすること。また、ひっくり返ること。一回転。「氷上で滑って—した」（2）ありさまががらりと変わること。また、がらりと変えること。「楽しい旅

行のはずが、―悲しみの旅路となった」「相場が―す
る」「心機―」
　【二転三転】物事の内容・状態・成り行きなどが、何
　度も変わること。「話が―して申し訳ありません」

「二転三転」の場合は、その意味を「二度も三度も」と
いうような"回数として"捉えることができます。対して
「一転」は、あるものの"状態の変化"を示す表現なので、
「一転」と「二転」とをつなげて一つの言葉とするのに
は無理があるんじゃないでしょうか。
　結局「一転」を「一回」の意味と捉えて使ったのだと
考えられますが、それだと全然「次から次へ」というめ
まぐるしいニュアンスは伝わらないので、やっぱり初め
から「二転三転」にすればいいのにと思うのでした。
　あと「二点三点」というのも多いですが、こちらは漢
字の意味をまったく考えていないか、ただの変換ミスで
すね。

要注意してください

～～～～～～～～～～～～～～～～～

もしかして：ご注意ください？

このフレーズを目にするたびにそれを言うなら、「ご注意ください」か「要注意（です）」だよなと思っていました。

🔍 **検索例1**（検索件数：**激多**）

・取り出すとき、とても熱いのでヤケドには<u>要注意してください</u>

・決して添付データは開かないよう、<u>要注意してください</u>

・皆さんあったかくして、風邪には<u>要注意してください</u>

・お店により時間や料金も異なる場合があるので、<u>要注意してください</u>

更にネット上の多くのサイトで「要チェックして」というような表記も、よく目にするようになりました。

🔍 **検索例2**（検索件数：**多**）

・最新の気象情報を<u>要チェックしてください</u>

・本日は、是非とも、<u>要チェックしていただきたい!!</u>
　そんなアイテムをご紹介いたします

　漢字とカタカナをくっつけて意味を持たせた表現なので、解釈が一様でないのは分かるとしても、"要チェック"ですでに「チェックすることが必要」というところまでの意味が含まれているはずです。「要チェックしてください」だと「チェックすることをしてください」という、「する」が二つ重なったおかしな文章になってしまいます。

　そんなわけで「要チェックしてください」は「要チェックです」か、あるいは単に「チェックしてください」のどちらかの表現でいいんじゃないかと思います。「毎日更新していますので要チェックしてくださいね!」なんてやっぱりちょっと変。

辞書では……

　【要】必要であること。入用。

大忙しい

もしかして：大忙し？

なんでこうなるのか分からない「大忙し」+「い」という表記。

Q 検索例（検索件数：**激多**）

- 今引越しの準備で<u>大忙しい</u>
- 明日も<u>大忙しい</u>ですが、頑張ります
- 皆さんも、師走（しわす）でさぞ<u>大忙しい</u>の頃でしょう
- ホテルの予約やら切符を買うやらで<u>大忙しい</u>でした

タイプミスが最も多いとは思いますが、短い文章中に二度出てくることもあるので、それだけでもないようです。

考えられるのは「大忙し」が「大忙しい」に聞こえてそのまま覚えてしまったようなケースです。ただ、小中学生や日本語を勉強中の外国人の方などではなく、ごく普通の日本人（成人）の文章中に出てくるのが不思議です。

「小忙し（こぜわ）」の対比表現として「大忙しい」を使ってい

るのかなとも思いましたが、それだと読みが「おおせわしい」になるので、これもちょっと無理があるかもしれません。

違いはここ!

【大忙し】きわめて忙しいこと。また、そのさま。「田植えで—の時期だ」

【小忙しい】なんとなくせわしい。「—・く走り回る」

あと考えられるのは方言ですが、「方言　大忙しい」などで検索してみましたが、それらしい記述は見つけられませんでした。

たとえ「大忙しい」がどこかの地方の方言だとしても、標準語の中に唐突に挿入されていたらとても不自然です。

はっきりって

もしかして：**はっきり言って？**

たまたま見かけて検索をかけて、その件数の多さに驚きました。

🔍 **検索例**（検索件数：**激多**）

・今回は<u>はっきりって</u>、非常に難しかった
・<u>はっきりって</u>、このようなメールに興味は持ちません
・これはよくいただく質問です。<u>ハッキリって分かりません</u>

　単純にタイピングの途中で「i」を一つ打ち損じて「はっきりいって（言って）」が「はっきりって」になり、それを見過ごしたと考えるのが自然なのでしょう。
　一方で耳でこう聞き覚えてそのまま使っているという人がどれぐらいいるのか、とても気になります。
　はっきり言って、非常に強い衝撃を受けた表記ミスでした。

油断を許さない

もしかして：予断を許さない？

とてもメジャーなうろ覚え表現の一つですが、検索してみたら意外に指摘しているサイトが少なかった「予断を許さない」のうろ覚え表記。

正しくは……

【予断】前もって判断すること。予測。「形勢は―を許さない」

【油断】たかをくくって気を許し、注意を怠ること。「―なく目を配る」「―してしくじる」

実際に検索結果をよく見ていくと、単なるタイプミスなどではなく、最初から「油断してはいけない」「油断大敵」「気を抜けない」というような意味合いで使われている（ようにも受け取れる）例が少なくないのが分かります。

Q 検索例1（検索件数：多）

・しょっちゅうハラハラさせられる、<u>油断を許さない</u>作

品だなあとしみじみ思う
・聞き手に一瞬たりとも油断を許さない、別格の緊張
感を放っている

　そもそも「予断を許さない」という表現自体を知らず
に、「予断」を「油断」と聞き覚えてそのまま一つの言
い回しとして、本来とは異なった意味でインプットした
というケースも多いのではないでしょうか。
　そのように考えると、この「油断を許さない」という
表現は、今でこそ「間違い」であると指摘されますが、
今後この言い回しを使う人が増えていくに従い、一つの
定型表現として認知されるようになるかもしれません。
　そんなこと絶対ありえないと思いますか?
　検索結果を見る限り、まったくもって予断を許さない
状況だと思うのですが……。

🔍 検索例2（検索件数：多）

・今後更に現地の治安情勢が急速に悪化する可能性
もあり、余談を許さない状況だ
・事態は緊迫しており、余談を許さない状況です

　こっちは完全に誤変換ですね。「余計な話はするな
ー!!」っていうことでしょうか。

デパートリー

～～～～～～～～～～～～～～～～～～～

もしかして：**レパートリー？**

得意料理の種類や、歌える曲の数が多いことなどを表現するのに「レパートリーが多い」という言い方をします。これをなぜか「デパートリーが多い」と覚えている人がいるようです。

🔍 **検索例**（検索件数：多）

・楽しく歌って、お互い<u>デパートリー</u>を増やしていきませんか
・ホームベーカリーを買われたのですね。<u>デパートリー</u>が増えますね

実際は単純なタイプミス（RとD）の方が多いと思いますが、例えばデパート（百貨店）のように、商品の数がたくさんあるというイメージから自然にこう覚えてしまった人もいそうです。

自暴自得

もしかして：自業自得？

Q 検索例（検索件数：多）

・開幕戦を取りこぼしたのは自暴自得

・最近彼が自暴自得になっているような気がして気になる

・自暴自得だから全然かわいそうじゃないんだよね

「自業自得」と「自暴自棄」とが合わさって生まれたと思われる新四字熟語。両方の意味で使われているようです。

せっかくなので意味を考えてみました。

【自暴自得】結局暴れた者が得をする？

類似したことわざに「無理が通れば道理が引っ込む」があります。使えませんか？

あるだろうので

もしかして：**?**

🔍 検索例１（検索件数：多）

・みんな興味が<u>あるだろうので</u>、張り切って書くぞ！

・確実に個人差が<u>あるだろうので</u>参考までに

　あるブログでこの表記を見つけて、一瞬理解できなかったので検索してみました。

　大体は上記検索例のような使われ方をしているのですが、文脈から「あるだろう。なので〜」の短縮バージョンのつもりなのかなと思いました。本来前後二つに分かれるところを、ちょっと不自然な形でつなげた文章。

　近年、「なので」を「ので」と書く短縮表現が特にネット上を中心にかなり一般化してきているので、その分このような表現も発生しやすかったのかもしれません。

　更に、「あるだろうので」を「あると思うので」「あるだろうから」などの代わりに使っているという見方もできそうです。

　このことは、「だろうので」で検索してみるとよく分かります。

・日本ではおそらく来年の封切りになるだろうので、とりあえず原作を読んでみることにした

・画面やマウス・キーボードはそれぞれだろうので、ちゃんと各自確認してほしい

・初級者ではちょっと難しいだろうので、中級向けでしょうか

　上記検索例は、それぞれ「来年の封切りになると思うので」「マウス・キーボードはそれぞれだろうから」「ちょっと難しいでしょうから」などのように言い換えできると思います。

　言葉は時代と共に変わると言いますが、このようないろいろなニュアンスを含んだ不思議な表現はこれから先、新しい日本語として今より一般的に使われるようになっていくのでしょうか。

意に関せず

もしかして：意に介さず？

Q 検索例（検索件数：**多**）

・人の心配をまったく意に関せず、仲よくやっております

・他人のことは意に関せず、自分の信じる道を進む人

「我関せず」と「意に介さず」のハイブリッド表現？
両方の意味で使われているようです。

　非常に数が多く、指摘もたくさんされているうろ覚え
表記。

　同じようにして「意に介さない」のつもりで「意に返
さない」となっているのも多く見られます（例：「細か
いことは意に返さない、肝の据わった変人」）。

辞書では……

【我関せず】自分には関係がない。超然としている様
子を言う。

【意に介する】気にかける。気にする。「人の忠告な
ど―・する様子もない」

160

禁煙可

~~~~~~~~~~~~~~~~~~~~~~~~~~~~~~~~~~~

もしかして：喫煙可？

「禁煙可」ってどういう意味？
「あなたがタバコを吸わないのは自由ですが、周りの人にはタバコを吸う自由があります」ってことでしょうか。

🔍 検索例（検索件数：多）

・室内禁煙可、禁煙ルームあり
・禁煙席なし：個室は完全個室のため、禁煙可です
・禁煙可ってどっちなんだよ

　ホテルやレストランのホームページなどに多く見られますが、どうやらほとんどが「喫煙可」の単純な間違いのようです。ほんとにどっちなんだよって言いたくなりますね。

手の凝った料理

もしかして：手の込んだ料理？

Q 検索例（検索件数：**多**）

・あまり<u>手の凝った</u>料理はできませんが……
・<u>手の凝った</u>弁当を作る人のブログが紹介されている
・簡単なものから<u>手の凝った</u>ものまで、ご予算にあわせ
　て制作できます

「凝る（凝った）」という言葉に「細かいところまでいろいろと工夫をする」というような意味があるので、そのまま読みすごしてしまいそうですが、「手が込む」という言葉があり、これはやはり「手の込んだ〜」の間違いなんだと思います。

違いはここ！

【込む】仕組みが複雑に入り組む。精巧である。「手の—・んだ細工」

【手が込む】手間がかかっている。物事が複雑である。「—・んだ彫り物」「—・んだ手口」

前代未踏

もしかして：前人<ruby>未踏<rt>じん</rt></ruby>?

🔍 検索例 1 （検索件数：中）

・前代未踏の大記録を打ちたてたイチロー
・世界的にも文献もない前代未踏の研究なのだ
・前代未踏の軽量化に挑戦

「<ruby>前代未聞<rt>ぜんだい み もん</rt></ruby>」と「前人未踏」のミクスチャー。

　検索結果を見ると、多くは「前人未踏」の意味で使われているようでした。

　当然逆パターンの「前人未聞」もありますが、件数は少なめ。個人的にはこっちの方がありそうだと思っていたので、ちょっと意外でした。

🔍 検索例 2 （検索件数：少）

・優勝した直後に<ruby>不祥事<rt>ふ しょう じ</rt></ruby>が発覚するなんて、まさに前人未聞である
・仏教史上前人未聞の百日間にわたる荒行

仕事の合間を盗んで

もしかして：仕事の合間を縫って？

Q 検索例1（検索件数：少）

・最近は仕事の<u>合間を盗んで</u>、資格試験を取るための勉強を始めているのだと言う
・現在、日々の業務の<u>合間を盗んで</u>企画進行中です
・電話とインタビューの<u>合間を盗んで</u>手紙を書くのはもうごめんだ

　ある女性タレントのブログで、「ゲームもチョコチョコ仕事の合間を盗んでやってます」という文章を見かけたことがあります。仕事の合間に仕事以外の何かをするという意味なら、「合間を盗む」ではなく「合間を縫う」ですね。

「暇を盗む」という言い回しもあり、同じような意味なので、その分間違いやすいのかもしれません。

正しくは……

【縫う】事物や人々の狭いあいだを抜けて進む。「雑踏を—・って進む」「間隙を—・う」

【合間を縫う】続いている物事がとぎれた短い時間を活用する。また、つながっている物事の切れ目を抜けて行く。「人ごみの―・って走る」
【盗む】わずかの時間をやりくりして、何かをする。「暇を―・んで読書する」
【暇を盗む】忙しい中でわずかな時間を利用する。「―・んで資格取得の勉強をする」

そして、「暇を縫って」もたくさんありました。

🔍 **検索例2**（検索件数：中）

・仕事をやりながら、その暇を縫って同窓生を集めて会議を何度も開催したのである
・執務の暇を縫って、ようやく手に入れた花との時間は非常に貴重だった

落ち目を感じる

もしかして：引け目を感じる？

🔍 検索例（検索件数：中）

・容姿で人を見下す奴は自分に落ち目を感じている

・周りがブランドの財布使ってる人ばかりで、普通の財布を使っている僕は落ち目を感じます

　誰それの人気や勢いが落ちてきたなあ、と嘆く使い方をしている人も多いですが、「引け目」と間違えて使っている人も少なくないようです。

　「落ち目」はそれ自体の状態の推移を示し、「引け目」は他との比較があってそれより劣っているという感覚なので、やはり意味の異なる言葉です。

辞書では……

【引け目】自分が他人より劣っていると感じること。劣等感。気おくれ。「―を感じる」

【落ち目】勢いなどが盛りを過ぎて下り坂になること。「人気が―になる」

とっさ的に

~~~~~~~~~~~~~~~~~~~~~~~~~~~

もしかして：とっさに　発作的に？

🔍 検索例（検索件数：中）

・聞かれたので<u>とっさ的に</u>「はい」と答えた

・夫婦げんかの末、<u>とっさ的に</u>離婚届にハンを押して
　しまう人もいる

　ネット上で「とっさ的に〜する」と書かれているのを
見ることがあります。検索例の上は単に「的」が余計で、
下は「発作的に」の誤りなんじゃないでしょうか。

違いはここ！

【とっさに（咄嗟に）】その瞬間に。たちどころに。「――
ブレーキを踏む」

【発作的】激しい症状が突然に起こるさま。転じて、
突然ある行動に出るさま。「――に笑い出す」

思いつかばない

もしかして：思い付かない　思い浮かばない？

「思い付く」と「思い浮かぶ」が合体した否定形。なんでこうなるのとしか言いようがありません。

Q 検索例1（検索件数：少）

・どういった手段があるか思いつかばない状況です
・他にいい言葉が思いつかばない

正しくは……

【思い付く】ある考えがふと心に浮かぶ。考えつく。
「いいアイデアを―・く」
【思い浮かぶ】心に浮かぶ。「名案が―・んだ」

とっさに口をついて出たのなら分かりますが、文章の中で使われているのは不思議。

どこかの方言なのかもしれませんが、標準語の文章中に唐突に出てくるのはいかにも不自然です。

ただ検索結果をよく見ていくと、この表現を意図的に使っている人達もいるようです。

・友達がよく「思い付かない」を「思いつかばない」
　と言うので、それは違うだろと言うと、普通にみんな
　使うでしょとのこと
・「思いつかばない」はよく使うわよ

　語感重視で日本語として正しいかどうかにはこだわら
ない人が増えれば、このような独特な表現ももっと増え
ていくのかもしれません。

7 章

「1文字違い」
なのに、
意味は大違い

敗北を期する

~~~~~~~~~~~~~~~~~~~~~~~~~~~

もしかして：敗北を喫^{きっ}する？

🔍 **検索例**（検索件数：**激多**）

・昨年の入れ替え戦で敗北を期し、涙を呑んだ昨シーズン

・プロテスタント側は屈辱的な敗北を帰し、多くの音楽家達も亡命を余儀なくされた

・残念ながら敗北を記し、優勝は本日に持ち越しとなったのでした

「負けちゃった!!」ということを言いたいのであれば「喫する」という字が当てはまりますが、ネット上ではいろいろな漢字が使われていました。

「敗北を期する」だと、なんだか「絶対に負けてやるー!!」と言っているように見えなくもないので十分注意が必要ですね。

辞書では……

【喫する】好ましくないことを、身に受ける。被る。
「惨敗を—・する」

物議をかます

~~~~~~~~~~~~~~~~~~~~~~~~~~~~~~

もしかして：**物議をかもす？**

Q 検索例1 （検索件数：**激多**）

・ゲストは、先日<u>物議をかました</u>あの俳優
・最近はテレビでもいろいろと<u>物議をかます</u>言動が出
　てきてるようだ
・なんか私の発言がいろいろと<u>物議をかまして</u>いたよう
　で申し訳ございません

　世間の論議を引き起こすことを「物議を醸す」と言い
ますが、これを「物議をかます」と書いているのを見る
ことがあります。

違いはここ！

　【醸す】ある状態・雰囲気などを生み出す。「物議を
―・す」
　【かます（噛ます／咬ます／嚼ます）】相手がひるむよう
に衝撃を与える動作・言葉を加える。「張り手を―・
す」「はったりを―・す」

面白いと思ったのは、検索結果の中に「物議をかます」と書いて「議論をふっかける」「議論を交わす」というようなニュアンスに取れる使い方が見られたことです。

🔍 **検索例2**

・そして私は、活動先で地域リーダーと<u>物議をかました</u>のだった

・これだけ上位にいる人へ<u>物議をかました</u>のは、配属先以外では初めてだった

・なんで結婚しないのか、うちの課長とこっそり<u>物議をかましています</u>

　明らかに間違った使い方なのですが、なんとなく雰囲気で通じてしまうから不思議です。

ゴミ捨い

もしかして：ゴミ拾い？

🔍 検索例（検索件数：**激多**）

・ゴミ捨いをしながら下山した

・マイクを近づけて音を捨う

・犬を捨った

　実は自分自身「拾う」を「捨う」と書きそうになった
ことは何度かあって、これを見たときは他人事に思えま
せんでした。

　しかし更に驚いたのは、この間違いがネット上にもた
くさんあったことです。紙の上に自分の記憶や知識だけ
を頼りに書いて間違えるというなら分かりますが、スマ
ホで例えば「ごみひろい」と打って変換すれば普通はそ
のまま「ゴミ拾い」と出るはず。なぜそうならなかった
のかとても不思議です。

　結局「捨てる」と書いて「てる」を消して「う」を付
け足すという面倒くさい作業になると思うのですが、こ
れ以外どうやって「ゴミ捨い」を出すのか。やっぱり実
際書いた人に聞いてみないと分からないですね。

店員オーバー

Q 検索例（検索件数：**激多**）

- 狭い店内に、<u>店員オーバー</u>の参加者
- <u>店員オーバー</u>になるので、早めのお申し込みをお願いします
- エレベーターは<u>店員オーバー</u>に近い状態だった

「定員オーバー」のつもりのうろ覚え表記。

　うろ覚えというより単に「タイプミス＋そのまま変換」のパターンがほとんどなのだと思いますが、いずれにしてもかなりの面白変換です。

　クルマや船舶、そしてエレベーターなどの"乗り物"の定員だったり、またなんらかの募集やイベントの定員枠などとして多く使われています。

正しくは……

【定員】規則によって定められた組織などの人数。また、乗り物・会場などの安全を考慮した上での収容人数。「―に達する」

手回し

もしかして：根回し？

Q 検索例（検索件数：中）

・私達に力を貸さぬように手回ししたみたい

・おそらくは上司が手回ししたのだろう

・あることないこと言うと思いますので、周囲にも手回
　ししておいた方がよさそうですね

　テレビのバラエティ番組で、ある出演者が「根回し」のことを「手回し」と勘違いして覚えていたらしく、他の出演者達から突っ込まれていました。

「手回し」にも「前もって準備すること」という意味がありますが、「根回し」には「事を行なう前に、関係者に事情を説明し、ある程度までの了解を得ておく」という意味があるので、やはり「根回し」の方がより適切な表現であると言えます。

　なお、検索内容には「タービンを手回しした」「コンプレッサーを手回しした」など、文字通り何かを手で回している状態を言っているものも多数ありました。

排水の陣

もしかして：背水の陣？

🔍 **検索例**（検索件数：**多**）

・悲願の優勝に排水の陣で臨んだ日本チーム
・自分の性格上、後ろ盾のない排水の陣で臨んだ方が、
　留学準備へ全力が注げると確信しており、

　ダジャレや言葉遊びも見られますが、あまり深く考え
ずにこの漢字を使ってしまった人も多そうです。

辞書では……

【背水の陣】《「史記」淮陰侯伝の、漢の名将韓信
が趙の軍と戦ったときに、わざと川を背にして陣を取
り、味方に退却できないという決死の覚悟をさせ、敵
を破ったという故事から》一歩もひけないような絶体
絶命の状況の中で、全力を尽くすことの例え。

「背水の陣」は川を背にして陣を取ることですが、「排
水の陣」だと、私は洋式トイレにどかっと腰を下ろした
戦国武将をイメージしました。

目に毒

もしかして：目の毒？

Q 検索例1（検索件数：中）

・美味しそうですね～。おなか減ってるんで目に毒です

・こんな目に毒にしかならない物を見せられる今の子ど
　もがかわいそうだわ

　見ると欲しくなるものや、見ない方がよいものを「目
の毒」と言いますが、近年は「目に毒」が同様の意味で
使われることも多くなり、一概に誤りであるとも言えな
くなってきているようです。

　それでも検索結果を見ると、「目に毒」の方は、目に
有害な物が入るとか、視力に影響するというような場合
に使われることがやはり多いです。

Q 検索例2

・化粧品に入っている成分が、目に毒なんでしょうね

・ゲームのやりすぎは目に毒だからゲーム禁止にした

ちんちんかんぷん

もしかして：ちんぷんかんぷん？

🔍 **検索例**（検索件数：中）

- 普通にちんちんかんぷんです
- 授業も聞いていないから、ちんちんかんぷん
- 基本的に英語のちんちんかんぷんな僕は、道でも電車でも迷いまくり

　いいのかこんなので……とか思いつつ、見つけちゃったものはしょうがないのでピックアップ。

　冗談なのか、はたまた"素"なのかと考えながら検索結果を一つずつ見ていくと面白いです。

違いはここ！

【ちんぷんかんぷん（珍紛漢紛）】「珍紛漢」に同じ。「―で何が言いたいのか分からない」

【ちんぷんかん】言葉や話がまったく通じず、何がなんだか、さっぱりわけの分からないこと。また、そのさま。「難しくてまるで―な講義」

そうは問屋が許さない

Q 検索例（検索件数：中）

・このまま春になるかと思ったが、そうは問屋が許さな
  い
・これで終わりというつもりだったのだろうが、そうは問
  屋が許さない

　あるブログのコメント欄で見つけて、そのまま調べて
みたら意外に数が多くてびっくり。「許さない」ではな
く「卸さない」です。

　こう覚えている人はとても多いようで、誤りの指摘も
ネット上で多数されています。

　許可制ではないので、あくまで問屋が商売になると判
断すれば卸してくれると思うんです。

正しくは……

【然うは問屋が卸さない】そんな安値では問屋が卸売
りしない。そんなに具合よくいくものではないという例
え。

目尻が熱くなった

もしかして：**目頭**（がしら）が熱くなった？

　あるテレビ番組に出ていた女性が、自分の話の中で「私はそのときに目尻が熱くなって……」と言っていて、すぐに他の出演者達から「目頭！」と突っ込まれていました。

　司会者からは「目尻が熱くなったらねえ、それタバコの灰が飛んでいるのよそこに」と突っ込まれていました。

Q 検索例（検索件数：中）

・湧き上がってくる何かで目尻が熱くなった
・驚きと感激で、また目じりが熱くなった
・人生相談の回答に、不覚にも目尻が熱くなりました

　これは「うろ覚え」というよりは「言い間違い」のジャンルでしょうか。

　この言葉がまじめな会話のシーンの途中で相手の口から出てきたら、笑うに笑えなくて大変そうです。

万難を配して

もしかして：万難を排して？

Q 検索例1（検索件数：中）

・とにかくめでたいことですから、万難を配して出席します

・私も悪霊にとりつかれやすいタイプらしいので、お祓いには万難を配して参加せねばと思っていた

　わざわざ自分の行く手に困難を配置する必要はないと思うんです。

Q 検索例2

・次回は万難を配してもシーバスを仕留めてみせます

・彼らは万難を配しても日本に来て、少しでも自分らが協力ができればと言い続けてくれた

　そして今回検索例を見ていて気が付いたのは、「万難を配しても」という表現を意図的に用いて「どんな困難が目の前にあっても（それを乗り越える）」という"意志"を表明しているのではないかと見られる使い方があった

ことです。

　単なる変換ミスなのかどうか、実際の意図は書いた人に聞いてみるしかないのですが、ユニークな使い方だと思いました。

　他にも更にユニークな使われ方がありました。

🔍 検索例3

・先日、満難を排して、23日の夕方便の最後の席をギリギリのタイミングで、予約した
・上司からの誘いには満難を排して付き合う

　驚いたのは「満難を排して」という表記。これはおそらく「万難」を「まんなん」と読み覚え、あとから書こうとしてこうなったものと思われます。

滅亡をかけた戦い

もしかして：存亡をかけた戦い？

🔍 **検索例**（検索件数：少）

- 今後の戦争は民族の滅亡をかけた戦争になる
- やがて世界の滅亡をかけた、天使と悪魔の戦いに巻き込まれていく
- 人類の滅亡をかけた戦いに勝利せよ!

「人類の滅亡をかけた戦い」って、勝っても負けても死んじゃうじゃん。それを言うなら「人類の存亡をかけた戦い」ですね。

辞書では……

【存亡】存在と滅亡。存続するか消滅するかということ。そんもう。「会社の―をかけた企画」「危急―の秋(とき)」

某テレビ局のニュースで「これから自民党の滅亡をかけた総裁選が始まります」と言ってしまい、あとから訂正したこともあったそうです。

故意にしていただいて

～～～～～～～～～～～～～～～

もしかして：懇意にしていただいて？

🔍 検索例（検索件数：少）

・いろいろと故意にしていただいている社長からのお話

・おかげで今でも公私共に故意にしていただいてます

・二人の方から故意にしていただき

「故意にしていただいて」と聞いてピンと来た人も多いと思いますが、これは「懇意にしていただいて」の誤りです。単純なタイプミスだと思いますが、「故意」というネガティブなイメージの言葉に、「していただく」という敬語が続いているのが面白かったのでピックアップ。

　故意にしている人はいないと思いますが、見た目のインパクトが強いので十分注意したいところです。

違いはここ！

【懇意】親しく交際していること。仲よく付き合うこと。「十年来―にしている」

【故意】わざとすること。また、その気持ち。「―に取り違える」

明暗がかかって

もしかして：**命運がかかって？**
（めいうん）

Q 検索例（検索件数：少）

・このプロジェクトは、会社の明暗がかかっている
・来期も彼の活躍にチームの明暗がかかっている
・政権選択の総選挙は太陽の満ち欠け以上に日本の
　将来の明暗がかかっている

かかるのは「明暗」じゃなくて「命運」ですね。

幸運と不運とを分ける場合に「明暗を分ける」となり
ます。

正しくは……

【明暗】明るいことと暗いこと。転じて、物事の明るい
面と暗い面。成功と失敗、幸と不幸など。「人生の
—」「—を分ける」

【命運】身の定め。めぐりあわせ。運命。「—を賭す」
（と）
「—が尽きる」

戦意創出

もしかして：**戦意喪失**（そうしつ）？

🔍 検索例（検索件数：少）

- 春の嵐の突風とドシャブリに、前半は戦意創出気味でした
- 後半は体力の限界！ 戦意創出で朝6時納竿（のうかん）し終了です
- ボコボコにやられて来ました。もちろんやる気も最初だけ。戦意創出なんてものではありません

戦意があるのかないのかよく分からない、「戦意喪失」のうろ覚え表現。

戦意喪失の誤りである場合と、文字通り戦意を作り出すという意味で使われている場合とがあるようです。

人間には元々さまざまな感情があって、その中の攻撃的な気持ち（戦意）を高めるという意味で「戦意高揚」（こうよう）という言葉があり、新しく作り出すという意味の「創出」をここに当てはめるのはちょっと無理があるんじゃないでしょうか。

惜しまない拍手

もしかして：惜し**み**ない拍手？

🔍 検索例（検索件数：中）

・観覧席から惜しまない拍手が沸き起こった
・ご本人とお母様の努力に惜しまない拍手を送り続け、
　応援しています

　惜しい！というか、言いたいことは分かるにしても、
やっぱりおかしな言葉遣いです。

辞書では……

　【惜しみない】惜しいという気持ちがない。出し惜しみ
　しない。「—・い拍手」

「惜しまない拍手」があるのなら、「惜しむ拍手」って
どんなの？　とちょっと聞きたくなってしまいます。

有毒マスク

Q 検索例（検索件数：中）

- 一酸化炭素には、活性炭を用いた有毒マスクは無力である
- 今回の一時帰島では有毒マスクは一度も使わなかった
- 今ものすんごく立派な有毒マスクを注文しました。だから大丈夫〜

「防毒マスク」のうろ覚え表記。

「有毒のマスク」は危険なので着けないようにしましょう。

「有毒の状態の中で装着するマスク」という意味で「有毒マスク」なのだということも可能かもしれませんが、その考え方は必ずしも一般的ではないかもしれません。

違いはここ！

【防毒マスク】有毒ガスや煙などから呼吸器や目を守るため、顔面をおおうマスク。防毒面。ガスマスク。

一把一絡げ

～～～～～～～～～～～～～～～～

もしかして：**十把一絡げ?**

Q **検索例1**（検索件数：少）

・他人様から一把ひとからげされる理由はない！

・一把ひとからげで考えられてはたまりません

辞書では……

【十把一絡げ】いろいろな種類のものを、区別なしに
ひとまとめにして扱うこと。一つひとつ取り上げるほど
の価値がないものとしてひとまとめに扱うこと。「―に
して考える」

初めから一つしかないものを更に一つにまとめるって
どうやるのでしょう。

ちなみに「じゅっぱひとからげ」では変換されません。
私のパソコンでは「十派一からげ」となりました。
実際この形で使っている人もたくさんいるようです。

Q **検索例2**（検索件数：中）

・薄暗い船内は、まるで十派一からげの奴隷達を運ぶ

ガレー船のようでもありました

・<u>十派ーからげ</u>の保育で一人ひとりに目を配る余裕は
　ありません

他にもこんなバリエーションがありました。

🔍 検索例3

・そうそう、十把ひとからげを長いこと、<u>十把ひとかげ
　ら</u>なんて間違えて覚えてしまっていたのは私です
・重要キャラじゃないから<u>十派ひとかけら</u>にされたんだ
　よ
・<u>十把人からげ</u>の給食教育は、どうかなと思います

8章

思わず
「想像したくなる」、
面白さ

関節キス

もしかして：間接キス？

🔍 検索例（検索件数：**激多**）

- 関節キスでも浮気になる？
- 男は関節キスしたがっているので「一口ちょうだい」って言う
- 関節キスって……肘とか膝とか、そういうのかぁ
- 電車内で膝が触れ合うのは関節キッスだね
- ちなみに、関節同士を引っ付かせても関節キッスとは言いません

　大勢の人が関節にキスをしたがっているみたいです。

　そしてもちろん、「関節キス」は多くの人に小ネタとしても使われています。

　もし本気で間違えている人がいたら、間接的にでもいいので教えてあげましょう。

源泉たれ流し

~~~~~~~~~~~~~~~~~~~~~~~~~~~~~

もしかして：源泉かけ流し？

　ある正月番組でゲストが温泉の話をしている途中に
「源泉たれ流し」という言葉が出てきて、すぐに司会者
から「源泉かけ流し」と直されていました。

　温泉に「たれ流し」という言葉はいかにもふさわしく
ないなと思いつつ、調べてみたところ、ネット上でもこ
の表記は非常に多くて驚きました。

　全国の温泉を紹介しているサイトなどで、見出しとし
てそのまま使われている例もありました。

正しくは……

　【掛（け）流し】温泉で、源泉の湯をそのまま、または
温度調整だけをして浴槽に満たし、あふれた湯は循
環させずに捨ててしまうこと。「源泉—」

一歩通行

もしかして：一方通行？

もしかして：一方通行？

🔍 検索例（検索件数：**激多**）

- 一歩通行を示す標識が街路樹の枝で見えにくくなっている
- 商店側の道路は駅前広場への一歩通行となります
- マスメディアを使った一歩通行的宣伝

　単なるタイプミスと、本当にこうだと思っている人の割合が知りたい「一方通行」のうろ覚え表記。

　検索結果を見ていて気が付きましたが、けっこう一つの文章の中で二度以上「一歩通行」の記述が出てくる場合がありました。もしかしたら、なんらかの意味付けにより意識的に使っているのかもしれないと思いました。

　そのココロは？

深入りコーヒー

🔍 検索例（検索件数：**激多**）

・備長炭を使用したコクのある深入りコーヒー
・捜し求めていた深入りコーヒーにやっと出会えました

　件数も多くとてもメジャーな変換ミスだと思うのですが、その誤りの指摘や、またわざと間違っているというような文章もあまりないようで、その点はちょっと意外でした。もしかしたら「深入り」で正しいと思っている人がそれだけ多いということなのでしょうか。

　実際にいくつかのサイトをまわってみて、思わずその誤りを指摘したい衝動に駆られたのですが、そこまで深入りしてもしょうがないので、少しでも早く気が付いてほしいと願うのでした。

辞書では……

【煎る／炒る／熬る】火にかけて、水気がなくなるまで煮つめる。また、鍋などに入れて火であぶる。「豆を
――・る」

長者番組

もしかして：長寿番組？

Q 検索例（検索件数：多）

- 言わずと知れた、昭和から続いている<u>長者番組</u>である
- これだけの<u>長者番組</u>が終わってしまうのは、寂しいものがありますね
- <u>長者番組</u>として、ずーっと人気がある理由がちょっとだけですけど、分かった気がしました

　何年にもわたって長期間続いているテレビ番組のことを「長者番組」と書いているサイトがたくさんありました。それを言うなら「長寿番組」ですよね。
　「長寿」は長生き。「長者」は金持ちですから。

違いはここ！

　【長者】金持ち。富豪。「億万―」
　【長寿】物事が特に長く続くこと。「―番組」

踏切が上がる

~~~~~~~~~~~~~~~~~~~~~~~~

もしかして：遮断機が上がる？

Q 検索例（検索件数：多）

・回り道も面倒だったので、そのまま<u>踏切が上がる</u>のを
　待ちました
・列車が通過すると、<u>踏切が上がって</u>車が線路を横切
　ります
・カンカンカンカン、警報が鳴って<u>踏切が下りる</u>
・沈黙を破るきっかけを得ないまま、<u>踏切が上がり</u>歩き
　出す

「踏切が上がる」で検索するとたくさん検索結果が出る
のですが、上がるのは踏切じゃなくて遮断機ですね。

　踏切が上がっちゃったら、誰も渡れないと思うのです
が……。

正しくは……

　【踏切】鉄道線路と道路が同じ平面上で交差する所。

　【遮断機】踏切で、列車の通過時に人や車などの交
通を遮断する設備。

感動も一塩

もしかして：感動も一入（しお）？

Q 検索例（検索件数：多）

・自分で作ると愛着湧きますし、できたときが<u>感動も一塩</u>ですよね

・期待していなかっただけに<u>感動も一塩</u>

「ひとしお」は、「一入」という読むのが難しい漢字なので、そのままひらがなで書けばいいと思うのですが、変換候補の上に「一塩」と出てついそのまま使ってしまう人が多いのかもしれません。

「一塩」は、たとえば料理の手順の説明で「バターで軽く炒めて一塩振って火を止める」のような感じで普通に使われるし、その分変換候補の上位に上がりやすいのでしょう。

辞書では……

【一入】他の場合より程度が一段と増すこと。多く副詞的に用いる。いっそう。ひとしわ。「苦戦の末の優勝だけに喜びも─だ」「懐しさが─募る」

不適な笑み

もしかして：**不敵な笑み？**

🔍 検索例（検索件数：**多**）

・不適な笑みを浮かべる口元や挑戦的な目つき
・何かを企んでいそうな不適な笑みを浮かべている

【不適な笑み】その場にそぐわない不適切な笑み？

　勝手に意味を考えてみました。「葬式のあいだ中、彼は不適な笑みを浮かべ続け、他の参列者の顰蹙を買っていた」というような使い方ができるでしょうか。

　実際にウェブ上で見られる「不適な笑み」のほとんどは「不敵な笑み」の誤りと思われます。

違いはここ！

【不敵】敵を敵とも思わないこと。大胆で恐れを知らないこと。乱暴で無法なこと。また、そのさま。「―な面構え」「大胆―」

【不適】適さないこと。また、そのさま。不適当。「適―を考える」

苦しまみれ

もしかして：苦しまぎれ？

「苦し紛れ」のうろ覚え表記。大変数が多く、誤りの指摘もされています。

Q 検索例1（検索件数：多）

・行き当たりばったりの<u>苦しまみれ</u>の企画だったりで、キャラ設定がいい加減
・冗談に見せたカミングアウトにも聞こえるし、<u>苦しまみれ</u>の冗談にも聞こえる

Q 検索例2

・職場のアルバイトの女の子が「苦し紛れ」のコトをいつも「苦しまみれ」って言うんですよ……。そ、そんなモンにまみれたくないって……
・てか、<u>苦しまみれ</u>ってなんだ？

正しくは……

【苦し紛れ】苦しさのあまりにすること。「―の言い訳」
【紛れる】他に心が奪われて、本来行なうべきことが

おろそかになる。「多忙に―・れて返事が遅れる」
【塗れる】問題を多く抱えて困った状態である。「汚名
に―・る」

「まみれる」に「困った状態」の意味があり、それを理由に「苦しまみれ」という言葉もアリなんじゃないかと主張することはできるかもしれません。

　ただ、「まぎれる」の「心が奪われて」いる状態とは異なるので、無理に使っても苦し紛れの言い訳に受け取られかねないので、やはり使わない方がよさそうです。

203

焼き回し

もしかして：焼き増し？

🔍 検索例1（検索件数：中）

- 親族みんなで撮った写真の焼き回しをしてもらうために今から式場へ行って、お金払ってきます
- 昔は、カメラの写真は現像して、<u>焼き回し</u>して友人に配るというのが一般的でした

　ある写真屋さんのサイトによると、お客さんがフィルムを持ち込んで焼き増しを依頼する際、「焼き回ししてください」と言う人の割合は30パーセントだそう。

　私自身このような覚え違いをしていたことはないのですが、ネット上であまりにもこの言い回しを頻繁に見かけるので、もしかしたらこれは私の知らない写真用語で何か特別な意味があるのではないかと、少し不安な気持ちになったりもしました。

　同じ写真を増やすという意味より、出来上がった写真を多くの人に配布して回る行為のイメージの方が直接結びついてしまって、こんな言い方が広まったのでしょ

か。

　ネット上では単純に誤りとして指摘している人と、焼き増しとは異なる新しい言葉、もしくは以前から存在する言葉であると主張する人の両方が存在します。

　また、「焼き回し」という言い方を「焼き直し」のつもりで使っている人も多いです。「この曲は誰それのなんとかいう曲の焼き回しだ」みたいな使い方で。

Q 検索例2

・この曲を聴け！　60〜70年代の焼き回しはもういらない。個性を打ち出せない連中は世に出なくていい

・この小説はオリジナルなものもありますが、だいたいが二次的な作品です。焼き回しですね

辞書では……

【焼き増し】写真の印画を追加して焼き付けること。また、その写真。

心臓から口が

~~~~~~~~~~~~~~~~~~~~~~~~~~~

もしかして：口から心臓が？

Q 検索例（検索件数：中）

・緊張で心臓から口が飛び出しそうなんです。

・マジで心臓から口が出そうな感じ。どうしようどうしよう、夜逃げしたい

・心臓から口が？……違う違う!!　口から心臓が飛び出そう。限界ですわ

　某バラエティ番組で、ゲストの女性がファーストキスのときのことを聞かれて「心臓から口が飛び出るんじゃないかっていうぐらい〜」と答えかけて、すぐさま司会者から「心臓から口が飛び出るんですか」と大袈裟な身振り付きで突っ込まれておりました。

　まさかネット上で冗談のつもりじゃなく、こう書いている人なんかいないだろうと思いながら試しに検索してみたら、実際それらしい文章が何件も見つかり、ちょっと驚きました。検索結果では、「心臓から口が」と書いたあとでちゃんとセルフ突っ込みをしている人と、そうでない人とが入りまじっています。

見て見るふりをする

～～～～～～～～～～～～～～～

もしかして：見て見ぬふりをする？

🔍 検索例（検索件数：少）

・知ってしまったからには見て見るふりはできない

・屁理屈言って大切なことを見て見るふりしている

「見て見ぬふりをする」の勘違い表記。もしくはただの
タイプミス。

　思わず「そのまんまやないかーい」と突っ込みたくな
りますが、意外にこれが多いんです。

「見るふり」をしているのだから、実際は見ていないと
いうことになり、どう考えてもおかしいです。

　ケアレスミスをいちいち指摘するのもどうかと思った
のですが、どうしても見て見ぬふりをすることができず、
ピックアップしてしまいました。

違いはここ！

　【見て見ぬふりをする】実際には見ていたのだが、見
ていなかったように振る舞う。また、とがめないで見
逃す。「困っている人がいるのに、――ことはできない」

上部だけの付き合い

もしかして：**上辺**（うわべ）**だけの付き合い？**

「うわべ」の変換候補に「上部」は出てきませんので、
やはり「上部（じょうぶ）」と覚えてしまったのではな
いでしょうか。

　漢字は似ていても、やっぱり意味は違います。

「上辺」は物の表面（surface）を指し、「上部」はあく
まで何かの上の部分（upper）という感じですね。

正しくは……

　【上辺】（1）物の表面。おもて。外面。（2）内実とは
違った見せかけの様子や事情。見かけ。外観。「—
をつくろう」

　【上部】上の部分。上の方。「—組織」

お面返上

もしかして：汚名返上（おめい）？

世間では「汚名返上」と「汚名挽回（ばんかい）」のどっちが正しいのか議論されていますが、ネット上ではそれどころじゃない言葉が広まっているようです。

Q 検索例（検索件数：少）

・今年は去年の<u>お面返上</u>のため、生徒会が張り切ったのだった

・今回はどうしても勝って<u>お面返上</u>したいという気持ちで臨みました

冗談だとはっきり分かる書き方をしている文章が意外に少ないのがちょっと気がかりなのですが、ここで使われている「お面返上」の意味を無理矢理考えてみました。

【お面返上】今までの自分は偽りの自分であり、心機一転、仮面を脱ぎ捨てて頑張ること。またその意志？

うーん、どうでしょうか……。

ご冥福をお祈りし、合唱

もしかして：ご冥福をお祈りし、合掌（しょう）？

🔍 検索例（検索件数：少）

・お友達とお母様の訃報（ふほう）に心からご冥福（めいふく）をお祈りし、合唱させていただきます

・すでにご存知かと思いますが、歌手の〜さんが昨日逝去（せいきょ）されました。合唱

・お悔やみの文章で「合掌」を「合唱」なんて恥ずかしすぎます

亡き人を思い、歌うのですか？

意外に多いこの変換ミス。自分のブログや掲示板などでやる分にはまだいいですが、場所によっては問題になるかもしれません。

私も気を付けないと。「掌」は手のひら。手のひらを合わせて拝（おが）むから合掌です。

辞書では……

【合掌】仏教徒が、顔や胸の前で両の手のひらと指を合わせて、仏・菩薩（ぼさつ）などを拝むこと。

必衰アイテム

~~~~~~~~~~~~~~~~~~~~~~~~~~~~~~~~

もしかして：必須アイテム？

🔍 検索例1（検索件数：**多**）

・健康管理の<u>必衰アイテム</u>、楽しみながらベストコンディションで！！

・就活<u>必衰アイテム</u>四季報！　私の学生時代の就活は、一冊の四季報から始まりました

・天然ダイヤ、男のお洒落に<u>必衰アイテム</u>です

　あることをしようとするとき、これだけは欠かせないという物のことを「必須アイテム」と言ったりしますが、これがなぜか「必衰アイテム」になっているのを見ることがあります。

　健康管理の必衰アイテムって、なんだか逆に病気になりそう。

　他にも必須（必至）と必衰とを取り違えている文章がたくさんありました。

🔍 検索例2

・家に帰れば手洗いうがいは<u>必衰</u>ですね。私もしてい

ます

・このままでは雑草取りに追われること<u>必衰</u>です

違いはここ！

【必須】必ず用いるべきこと。欠かせないこと。また、そのさま。ひっしゅ。「成功のための─な（の）条件」
【必衰】必ずおとろえること。「盛者(じょうしゃ)─」

アメリカ在中

もしかして：アメリカ在住（じゅう）？

🔍 検索例1（検索件数：中）

- 御主人の仕事の関係でアメリカ在中という若い日本
  人御夫婦と一緒でした
- 当時、アメリカ在中の叔母が命名してくれました

「アメリカが入っています」？

アメリカに住んでいるということを言いたいのなら、
それは「アメリカ在住」です。アメリカ以外にも色々な
国が入っていました。

🔍 検索例2

- 先日ロシア在中の大使館の方が来店しました
- 一番参考になったのは英国在中の方の経験談

正しくは……

【在中】中に書類・金品などが入っていること。また、
そのことを封筒や包みなどの表に示す語。「書類が—
している袋」「請求書—」

本書は、社会評論社より刊行された『ネットで見かけた信じられない日本語』を、文庫収録にあたり加筆・改筆・再編集のうえ、改題したものです。

ネットで見かけたゆかいな日本語

| 著者 | 三條雅人 (さんじょう・まさと) |

発行者　押鐘太陽

発行所　株式会社三笠書房

　　　　〒102-0072 東京都千代田区飯田橋3-3-1
　　　　電話　03-5226-5734（営業部）03-5226-5731（編集部）
　　　　https://www.mikasashobo.co.jp

印刷　　誠宏印刷

製本　　ナショナル製本